EXAMEN

DU PROJET DE LOI

SUR LES

BREVETS D'INVENTION

ÉLABORÉ EN CONSEIL D'ETAT

ET SOUMIS A LA SANCTION DU CORPS LÉGISLATIF

PAR

C.-J. DUMÉRY

INGÉNIEUR CIVIL, MEMBRE DU CONSEIL D'ADMINISTRATION DE LA SOCIÉTÉ D'ENCOURAGEMENT POUR L'INDUSTRIE NATIONALE, DE LA CHAMBRE SYNDICALE DES CONSTRUCTEURS-MÉCANICIENS, DE LA SOCIÉTÉ INTERNATIONALE DES ÉTUDES PRATIQUES D'ÉCONOMIE SOCIALE, ETC., ETC.

II.

PARIS

Librairie scientifique, industrielle et agricole Lacroix et Baudry, 15, quai Malaquais.
V. Dalmont, quai des Grands-Augustins, 49.
Bachelier, quai des Grands-Augustins, 55.
Bouchard-Huzard, rue de l'Éperon, 5.

1859

EXAMEN DU PROJET DE LOI

SUR LES

BREVETS D'INVENTION

PARIS. — IMPRIMERIE CENTRALE DE NAPOLÉON CHAIX ET Cᵉ, RUE BERGÈRE, 20 — 1182.

(C.)

EXAMEN

DU PROJET DE LOI

SUR LES

BREVETS D'INVENTION

ÉLABORÉ EN CONSEIL D'ÉTAT

ET SOUMIS A LA SANCTION DU CORPS LÉGISLATIF

PAR

C.-J. DUMÉRY

INGÉNIEUR CIVIL, MEMBRE DU CONSEIL D'ADMINISTRATION DE LA SOCIÉTÉ
D'ENCOURAGEMENT POUR L'INDUSTRIE NATIONALE,
DE LA CHAMBRE SYNDICALE DES CONSTRUCTEURS-MÉCANICIENS,
DE LA SOCIÉTÉ INTERNATIONALE
DES ÉTUDES PRATIQUES D'ÉCONOMIE SOCIALE, ETC., ETC.

PARIS

Librairie scientifique, industrielle et agricole Lacroix et Baudry, 15, quai Malaquais.
V. Dalmont, quai des Grands-Augustins, 49.
Hachelier, quai des Grands-Augustins, 55.
Bouchard-Huzard, rue de l'Éperon, 5.

1859

AVANT-PROPOS.

La France doit à juste titre s'enorgueillir des hautes lumières qui occupent aujourd'hui toutes les régions de l'administration. Quand l'honneur du pays et le bonheur du peuple dépendent des questions générales, la nation peut reposer en paix.

Pourquoi faut-il qu'il n'en soit pas ainsi pour les questions spéciales? Pourquoi les meilleures intentions se traduisent-elles, à l'application, en résultats tout à fait opposés?

Pourquoi, par exemple, dans le projet de loi sur les brevets d'invention, à côté des mesures si judicieuses, si paternelles, si intelligentes à la fois

Du **certificat d'addition**;

Des **six mois de secret**;

De **l'année de préférence**;

Du **secret** de dix-huit mois pour les **nouveaux demandeurs**, qui témoignent de tant de bienveillance, faut-il voir figurer le principe

De la **concession**,
De **l'entrave**,
De **l'exécution obligatoire**,
De la **déchéance** pour **non-paiement**, etc., etc.?

Pourquoi, enfin, une loi qu'on veut améliorer, sort-elle de l'étude empirée?

Par plusieurs motifs :

D'abord, parce que dans les régions administratives, on n'a pas toujours saisi le véritable rôle du brevet industriel; qu'il y a été considéré comme une récompense accordée à un service **éclatant**; que, pour ces régions, notre siècle compte à peine une douzaine d'inventions comme elles les comprennent; en un mot, parce qu'elles confondent les **révolutions industrielles** avec les **progrès de l'industrie.**

Ensuite, parce que l'enquête a mal frappé; que l'étude d'une question morbide doit se faire au chevet du malade et non auprès de ceux qui attendent sa succession; que, pour connaître une telle matière à fond, il faudrait établir la monographie des brevetés d'une année entière. Possédant alors l'exposé exact de la vérité, on aurait le sentiment de ce qu'il faut faire.

Enfin, c'est parce que l'industrie n'a pas encore conquis chez nous le rang auquel il serait désirable qu'elle s'élevât, et que ses besoins sont mal appréciés.

Réunissons donc nos efforts pour obtenir une bonne loi sur les brevets, afin que, par cette loi, tous les germes arrivent à maturité et que le pays puisse en recueillir les fruits.

C'est dans ce but que nous faisons appel à tous les hommes compétents; que nous les supplions, dans l'intérêt de l'avenir, de suivre notre exemple, de consacrer quelques instants à mettre en lumière les besoins de l'industrie, pour les faire pénétrer dans des régions trop élevées pour avoir pu les apercevoir, mais trop dévouées au bien général pour n'y pas satisfaire.

EXAMEN DU PROJET DE LOI

SUR

LES BREVETS D'INVENTION

CHAPITRE PREMIER.

De la Propriété industrielle.

Nous avons lu avec attention le projet de loi élaboré par le Conseil d'État, et nous trouvons qu'il est loin de répondre aux besoins de notre époque. S'il n'était modifié, il aurait pour résultat de rendre la loi nouvelle moins favorable que la loi actuelle aux inventeurs et, par conséquent, à l'industrie tout entière.

Le premier paragraphe de l'Exposé des motifs s'exprime ainsi :

« Le principe **fondamental** des législations modernes sur les » découvertes industrielles consiste à garantir aux inventeurs, » à titre de **dédommagement de leurs labeurs** et de » **rémunération des services rendus** à la société, une » **jouissance exclusive**, mais temporaire, du procédé nou- » veau, à l'expiration de laquelle la découverte tombe dans le » domaine de tous. »

Ce premier paragraphe pose en principe que les législations modernes reposent sur la **concession**, que c'est un **dédommagement**, une **jouissance** accordée ; par conséquent, le brevet n'est ni un **droit** ni une **propriété**.

Nous croyons qu'il y a erreur dans cette appréciation. La loi anglaise consacre le principe de la propriété industrielle ; c'est à ce principe même que l'Angleterre doit sa prospérité et sa supériorité, et les conséquences en sont assez sérieuses pour mériter un examen tout spécial.

Disons d'abord que le mot *propriété* n'a pas la même application dans les deux pays.

Nous avons, en France, des efforts à faire pour appliquer le mot *propriété* à une œuvre industrielle, à un produit nouveau, à un effet, à une cause de progrès, à une extension des forces ou du pouvoir de l'homme ; en un mot, à toutes les œuvres dont les limites sont du domaine de l'intelligence et non l'objet d'une délimitation positive, et nous ne trouvons, généralement, le mot *propriété* rationnellement appliqué, que là où il désigne ce que nous appelons *propriété foncière.*

En Angleterre, c'est tout l'opposé, et les mêmes efforts sont à faire pour appliquer le mot propriété au fractionnement du sol.

On y concède la jouissance de la terre, mais non l'absolue propriété ; nul ne peut l'aliéner d'une manière définitive. La terre n'y est pas dans le commerce, et loin d'être disposé à nous imiter sur ce point, notre régime économique y est l'objet de nombreuses critiques.

Aux yeux de l'Angleterre, les métaux précieux qui servent de signe d'échange doivent être exclusivement consacrés au développement des produits du sol et non à l'achat du sol lui-même (1).

Au point de vue de l'agriculture, elle trouve qu'il est regrettable pour le cultivateur français qui veut se soustraire aux inconvénients des baux trop courts, d'être forcé, pour se procurer l'élément de travail qui lui est indispensable, d'engager un enjeu vingt-cinq et même trente fois plus considérable que celui qui est nécessaire, en Angleterre, pour s'assurer une jouissance de 99 années !

Elle trouve qu'il est préférable de payer la jouissance par annuité et de consacrer le capital au matériel d'exploitation, plutôt que d'enfouir le capital pour se procurer la jouissance, et de compter ensuite sur le produit des annuités subséquentes pour se procurer péniblement, dans l'avenir, un matériel d'exploitation.

C'est, à ses yeux, une fausse application des métaux inaltérables, que de les détourner du cercle exclusif de l'activité

(1) Dans sa philosophie appliquée, ce n'est pas l'être périssable, éphémère, qui peut enchaîner, dominer, posséder le sol ; c'est le sol qui, de fait, possède l'homme et lui dit sous toutes les formes : « Tu me cultiveras ou tu périras. La terre peut » exister sans toi ; tu ne peux vivre sans la terre. »

Comme droit primordial, elle trouve que tant que l'homme applique son trafic au produit de son travail, il est dans son rôle et dans son devoir ; mais qu'il y a suffisance de sa part à trafiquer de l'œuvre du Créateur.

Au point de vue de l'éternité, elle dit :

L'homme passe, la terre reste. L'homme a joui de la terre pendant son passage, mais il ne l'a jamais possédée, et tous les petits arrangements qu'il a pu faire avec ses semblables, rentrent dans le néant lorsqu'il disparaît. Les sommes folles qu'il a mises en regard de cette jouissance temporaire et limitée, un autre devra se les procurer et les mettre à nouveau devant ce coin de terre, sans qu'il y ait, pour cela, la moindre augmentation de surface. C'est un moulin qui moud à vide ; c'est une complication de rouages inutile à l'humanité.

Au point de vue des transactions commerciales, elle trouve que c'est une faute de mettre le sol en concurrence avec le travail de l'homme dans la compétition des capitaux, et que le pays qui n'applique le numéraire qu'à la rémunération du travail, peut faire quatre ou cinq fois plus d'affaires avec moins du tiers du capital engagé chez celui dont le sol a été livré au commerce, c'est-à-dire une différence finale annuelle de douze ou quinze fois le capital engagé.

humaine, qui seule augmente la richesse publique, pour les consacrer à des opérations blanches; et, pour elle, toute opération est blanche dès qu'il n'en résulte pas une augmentation de richesses pour la société.

A ses yeux, toutes les opérations sur l'achat et la vente de la terre sont dans ce cas.

Peut-on, demande-t-elle, en dire autant de la machine à vapeur? N'est-elle et ne sera-t-elle pas éternellement l'œuvre de Jean de Caus, de Papin et de Watt, et quelles qu'aient été les législations ou les conventions humaines à leur égard, n'auront-ils pas été les propriétaires réels de cette immense source de richesses?

A cette occasion, elle fait remarquer, avec un légitime orgueil, qu'un seul coin du globe est couvert, à ce jour, de dix millions de chevaux de vapeur d'une valeur moyenne de six cents francs le cheval, ce qui représente une augmentation bien réelle de six milliards dans la fortune générale de l'humanité, sans compter la fortune nouvelle qu'engendrent, chaque jour, ces dix millions de chevaux. Voilà, dit-elle, ce qu'ont créé ces génies plus ou moins compris dans chacun de leur pays; voilà ce dont ils peuvent s'enorgueillir, eux ou leurs descendants, et, à coup sûr, ce dont s'enorgueillit et ce dont profite aujourd'hui l'humanité.

Et elle demande quel homme peut se vanter d'avoir augmenté d'un seul mètre la surface du globe pendant le temps qu'il s'en est prétendu propriétaire.

A aucun point de vue donc, l'Angleterre n'a de propension vers l'application du mot **propriété** aux biens territoriaux; au contraire, tous les éléments de sa fortune privée et publique étant industriels, elle s'est appliquée à les ériger en propriété et à faire honorer et respecter cette propriété. C'est cette sorte de propriété qui est l'objet de toute sa vénération, de toute sa sollicitude, et pendant qu'en France, nous sommes dans une période d'incertitude, pendant qu'il existe encore chez nous des esprits élevés qui émettent des doutes sur la légitimité de la *propriété de l'invention*, et qui inclinent à appeler jouissance concédée le *droit exclusif* d'exploiter une découverte, nous voyons qu'en Angleterre ce principe tutélaire est consacré depuis 233 ans, et a développé et déposé, depuis cette époque, sur le sol britannique, des germes de fécondité qui nous sont inconnus.

Ce n'est pas en vue d'une futile appréciation de l'application plus ou moins rationnelle d'un mot, encore moins avec la prétention de porter un jugement sur le meilleur régime de la propriété foncière, que nous nous livrons à cet examen des opinions émises sur les deux rives du détroit : nous laissons à de plus compétents le soin d'apprécier et de résoudre ces immenses questions; notre but unique est de bien établir que le mot *propriété* n'a pas la même affectation dans les deux pays, et que le principe consacré et reçu dans la plus importante des législations industrielles est le principe de la *propriété*.

Pour nous, et au seul point de vue des inventeurs, nous dirons que si la propriété du champ est légitimée, en France, par ce sentiment qu'elle représente l'accumulation d'un travail passé, le même sentiment doit faire reconnaître la propriété de l'invention, car elle est toujours le résultat d'un travail antérieur, et, de plus, elle recèle des caractères de réelle propriété que ne présente pas la possession du champ; et nous ferons remarquer, à cette occasion, que le cultivateur qui a consacré ses économies à l'achat d'un champ n'est pas seulement propriétaire du champ tout seul, mais encore des fruits qu'il retire de ce champ.

Or, l'homme qui a employé son patrimoine à acquérir de la science, qui a fait de son cerveau le dépositaire de son travail antérieur, ne serait-il donc, lui, possesseur que de sa personne seule? Le fruit qu'il tire de son cerveau, de ce champ où sont accumulées ses économies, ne lui appartiendrait-il pas?

N'est-il donc pas, en réalité, mille fois plus propriétaire, au point de vue absolu, que le propriétaire du champ, non pas seulement comme origine, mais même comme fait matériel?

Pour nous, la vraie propriété se reconnaît au pouvoir d'user et d'abuser, d'augmenter, d'anéantir, de déplacer; caractères qui manquent à la propriété foncière et que possède essentiellement la propriété industrielle.

Le propriétaire de l'idée, l'inventeur, peut s'abstenir; il peut porter son œuvre ailleurs; il peut, même sans sortir de son pays, faire ce qu'ont fait certains inventeurs, garder son secret, l'exploiter sans divulguer ses procédés, et, en présence d'une loi insuffisamment rémunératrice, l'emporter au tombeau, après avoir réalisé ce que lui eût refusé notre législation.

Pour nous donc, **il y a, dans l'invention, propriété absolue; c'est l'auteur qui apporte à la société, qui l'enrichit, et non la société qui lui concède une faculté; il demande seulement à la société d'avoir assez de probité pour respecter ce qu'il apporte, et de le respecter efficacement** *comme temps* et comme *réalité de jouissance.*

La société, qui représente le plus grand nombre, pourra quelque temps encore contester cette propriété, la restreindre; mais, quoi qu'elle fasse, elle n'en changera pas le *caractère essentiel*, et quand son intelligence sera plus développée, elle condamnera les époques qui l'auront méconnue et qui n'auront pas su en tirer tous les fruits qu'elle renfermait.

Répétons-le donc : il y a dans un brevet **propriété**, et non **concession.**

Cette **distinction importante**, que nous tenons à bien établir, n'est pas, comme nous l'avons déjà dit, une simple nuance de définition ; elle pointe trop droit au cœur du sujet qui nous occupe, pour que nous ne cherchions pas à bien mettre en évidence les **conséquences** qui en **découlent.**

Ou nous reconnaissons que l'inventeur est un homme utile, qui enrichit réellement la société, et que, s'il n'était pas venu, l'invention n'aurait pas eu lieu ;

Ou bien nous admettons que l'invention est ambiante, qu'elle est le résultat des besoins du moment, et que le breveté n'est qu'un occupant quelconque, n'ayant d'autre mérite que de se présenter le premier pour exploiter une mine toute faite.

Il n'y a pas de transaction possible entre ces deux situations :

Dans la première, l'invention est bien réellement une **propriété ;**

Dans la seconde, c'est une **concession** de la société.

Si c'est une propriété, elle doit être *absolue* pendant toute la durée du brevet,

Si c'est une concession, la mine ou l'invention n'étant pas le fait de l'inventeur, la société peut se borner à une protection à durée très-restreinte.

Si c'est une propriété, il ne peut être fait aucune condition à l'inventeur en dehors des lois et règlements sur la propriété ;

Si c'est une concession, le brevet devient un cahier de charges renfermant les clauses, conditions et réserves de la société.

Si c'est une propriété, la taxe doit être modérée et ne correspondre qu'à certaines garanties, ou plutôt à certaines mesures d'ordre et d'impôt ;

Si c'est une concession, il est inutile de faciliter l'accès du brevet par une taxe modérée ; il faut, au contraire, par une taxe très-élevée, assurer la société d'une prompte et sérieuse exécution.

Si c'est une propriété, on doit avoir une grande indulgence en ce qui concerne le paiement de la taxe, comme cela se fait pour tous les contribuables ;

Si c'est une concession, on peut déployer une plus grande rigueur et déposséder, au besoin, le concessionnaire inexact à remplir ses engagements.

Si c'est une propriété, il n'est possible d'assigner aucun terme de mise en œuvre ;

Si c'est une concession, le brevet peut être assujetti à certains délais d'exécution.

Si c'est une propriété, le contrefacteur commet un véritable vol ; il viole un contrat passé au nom de la société, il appelle la vindicte publique ; il relève de la juridiction correctionnelle ;

Si c'est une concession, le contrefacteur occasionne un simple trouble à une jouissance personnelle ; on peut se borner à apprécier le préjudice qu'il a causé, et, dès que les intérêts froissés ont pu être compensés, la réparation est complète. C'est un débat tout civil.

Il n'y a donc pas de moyen terme possible : ou l'invention émane de l'inventeur, ou elle émane de la société.

Si elle émane de l'inventeur, fondons l'institution des brevets sur les bases de la **propriété**.

Si elle émane de la société, supprimons les brevets d'invention et **octroyons des concessions** industrielles, **conditionnelles**, débattues à l'avance comme le sont toutes les concessions.

Les conséquences que nous signalons au point de vue de la loi à créer, nous allons les mettre en évidence au point de vue des deux principales législations.

Pour être plus intelligible, nous aurons recours à un tableau synoptique comparatif.

TABLEAU COMPARATIF DES CAS DE

LOI ANGLAISE.

PRINCIPE ADMIS.	NATURE ET NOMBRE des CONDITIONS EXIGÉES	CONSÉQUENCE OU NOMBRE CORRESPONDANT des cas de déchéance.
Propriété absolue.	**Exactitude de paiement**	PREMIER CAS. — Non paiement avant la fin de la 3e année. DEUXIÈME CAS. — Non paiement avant la fin de la 7e année.
		TOTAL : 2 occasions de déchéance.

RÉCAPITULATION : 2 cas en 14 ans.

DÉCHÉANCE EN ANGLETERRE ET EN FRANCE.

LOI FRANÇAISE.

PRINCIPE du PROJET DE LOI.	NATURE ET NOMBRE des CONDITIONS EXIGÉES		CONSÉQUENCE OU NOMBRE CORRESPONDANT des cas de déchéance.	
Concessions conditionnelles.	Exactitude du paiement des annuités.	1	2e annuité.	sans recours.
		1	3e —	
		1	4e —	
		1	5e —	
		1	6e —	
		1	7e —	
		1	8e —	
		1	9e —	
		1	10e —	
		1	11e —	
		1	12e —	
		1	13e —	
		1	14e —	
		1	15e —	
	Exécution dans les 3 ans.	1	Sans recours.	
	Interruption de 3 ans. .	1 1 1 1 1	Cinq occasions, au moins, pendant la période de 15 ans, c'est-à-dire un par chaque 3 années.	
	Introduction de produits étrangers	1	Cause permanente.	
	Description française suffisante . .	1	Cause permanente, dépendant du nombre des contrefacteurs intéressés.	
	Description étrangère suffisante. .	1	Cause permanente, ou plutôt nombre de causes indéfinies; 20 nations industrielles et 1 milliard 2 à 300 millions de compétiteurs.	
	Expropriation.	1	Cause permanente.	
	Confidence avant la demande . .	1	Cause à établir contradictoirement.	
	Exhibition de produit avant la délivrance de brevet	1	Cause à établir contradictoirement.	
	TOTAL.	26	occasions de décheance.	

RÉCAPITULATION : 15 chefs de déchéance sans recours; 4 — permanents; 7 — à établir contradictoirement. } 26 en 15 ans.

On le voit par le tableau qui précède, la simple divergence sur le principe occasionne, dans un cas, vingt-six causes de déchéance! Dans l'autre, deux. Et encore ne doit-on pas considérer ces dernières comme déchéance, c'est-à-dire comme ayant un caractère de pénalité, mais bien comme fin de période de titre de trois ans ou de sept ans.

Les deux législations sont donc complétement et radicalement différentes quant au principe, et nous disons, contrairement à l'Exposé des motifs, qu'encore bien qu'avec la restriction d'une durée limitée, c'est le **principe de la propriété** qui doit dominer et être admis chez nous, comme il l'est en Angleterre; qu'il n'y a que lui de fécond, d'équitable et de vrai.

CHAPITRE II.

De la Durée des Brevets.

Si le caractère attribué au brevet influe sur la valeur morale du titre, la durée constitue sa valeur matérielle, elle en est le principal élément de succès ; elle est la condition sans laquelle aucune grande œuvre industrielle n'est possible. Si la durée est insuffisante, le brevet est nuisible ; il entraîne à la ruine ceux-là surtout qu'il a en vue de récompenser ; il fait méconnaître des hommes utiles ; il fait condamner des œuvres qui auraient dû ajouter aux jouissances de la société et augmenter la fortune publique.

Le brevet doit donc contenir les éléments du succès, et la **durée** doit être relative au milieu dans lequel on opère, et non à ce qui se pratique en d'autres lieux dans lesquels les conditions sont différentes.

L'Exposé des motifs s'étend longuement à cet égard ; voici comment il s'exprime, pages 12 et 13 :

« On sait que la législation de plusieurs nations étrangères » a assigné aux priviléges une durée moindre que celle qu'is » ont en France ; ainsi les brevets sont de dix ans en Russie, de » quatorze ans en Angleterre et aux États-Unis. Or, ainsi que » le faisait observer le rapporteur de la loi de 1844 à la chambre » des députés, il ne faut pas que la protection accordée par la

» France devienne une cause d'infériorité pour son industrie, et
» que, **dans son sein, on enchaîne par le monopole**
» **ce qui partout ailleurs serait libre de cette en-**
» **trave.**

» Lors donc que l'invention étrangère, brevetée en France,
» cessera d'être brevetée dans un pays étranger, pour quelque
» cause que ce soit, le brevet délivré en France devra également
» prendre fin.

» C'est dans ce but que le second paragraphe de l'article 7 a
» été rédigé de manière à exprimer que la durée du brevet dont
» il s'agit ne peut, dans aucun cas, excéder la durée de ceux qui
» ont été antérieurement pris à l'étranger. Il est bien entendu
» que le breveté étranger ne peut obtenir un privilége en France
» que tant que son invention n'a pas été rendue publique. La
» condition essentielle de tout brevet est que l'invention soit
» nouvelle, c'est-à-dire qu'elle n'ait reçu, ni en France, ni à l'é
» tranger, soit par la voie de l'impression, soit de toute autre
» manière, une publicité suffisante pour qu'elle puisse être mise
» à exécution.

» Deux propositions importantes, empruntées à la loi belge de
» 1854, ont été présentées. La première avait pour objet de pro-
» longer la durée du brevet jusqu'à vingt ans, en supprimant la
» faculté de prorogation par la loi ; la seconde tendait à réduire
» la quotité de la taxe pendant les premières années, en substi-
» tuant à la taxe uniforme de cent francs une taxe progressive
» par année.

» Sur le premier point, le Conseil d'État a considéré que la
» *durée de quinze* ans est une *règle traditionnelle*, en usage de-
» puis la déclaration de 1762 ; que cette durée est la même dans
» la plupart des pays étrangers ; qu'elle est même plus longue
» qu'en Russie, en Angleterre et aux États-Unis ; qu'il y aurait
» des inconvénients, ainsi qu'on vient de le dire, à laisser à l'é-
» tat de monopole, dans le territoire de l'Empire, l'exercice d'une
» industrie ou l'application d'un procédé libre dans d'autres
» contrées; et que d'ailleurs si, par exception, l'utilité d'une
» prolongation était constatée, il y serait pourvu par un acte
» législatif. »

Les lignes qui précèdent sont, comme on le voit, très-positives, et constituent à elles seules une doctrine dont l'application serait la source d'un immense préjudice national.

Elles considèrent comme impolitique tout **allongement** de **durée.**

Elles admettent que la **tradition** et l'exemple des autres nations doivent faire règle chez nous.

Elles considèrent le brevet comme une **entrave,** et ne voudraient pas qu'il pût y avoir en France des industries sous le **monopole** du brevet, pendant qu'ailleurs elles seraient libres.

Elles voudraient l'uniformité de durée, et **n'accorder aux étrangers** chez nous que ce qu'ils ont chez eux.

Examinons ces quatre propositions, que nous considérons comme quatre erreurs :

1° DE L'ALLONGEMENT DE LA DURÉE DES BREVETS.

Ici, c'est l'état de l'industrie qui doit servir de règle : si l'industrie est partout sur un pied de parfaite égalité, la durée qui suffit à un pays doit suffire à l'autre ; si, au contraire, les conditions industrielles ne sont pas égales partout, nous devons, par tous les moyens, chercher à établir l'équilibre, et, dans ce but, donner à l'institution des brevets d'invention toute la puissance de développement dont elle est susceptible.

C'est par la division du travail que l'industrie manufacturière arrive aux prodiges de bon marché qui font la supériorité des nations.

Or, tout le monde le sait, l'industrie anglaise, infiniment

plus considérable que la nôtre, est aussi infiniment plus groupée, plus spécialisée, et tend à se spécialiser encore chaque jour davantage.

Ainsi, tandis qu'en France, dans l'industrie textile, par exemple, presque tous nos manufacturiers peignent, filent et tissent leur laine, en Angleterre la somme de travail est assez considérable pour que, non-seulement ces trois branches d'une même industrie fassent l'objet de trois branches tout à fait distinctes, mais pour que le seul peignage de la laine soit à la veille de se dédoubler en trois industries spéciales (1).

En présence de cette division de l'industrie, on conçoit, d'une part, que les Anglais doivent peu créer et beaucoup perfectionner ; d'autre part, que le breveté ait plus de facilités que partout ailleurs à placer sa découverte. Il vient ajouter un progrès à un ensemble pour lequel il y a un plus grand intérêt à ne rien laisser échapper d'avantageux ; d'abord, parce que le spécialiste courrait le risque d'être délaissé par ceux qui se servent de lui, s'il cessait de présenter un avantage ; et, ensuite, parce que,

---

(1) Un peigneur de laine disait en notre présence :

« J'aspire au moment prochain où, mon industrie devenant trop considérable, » je la diviserai en trois branches (*) ; j'exploiterai une de ces branches, les deux » autres seront dirigées par mes enfants. Loin de nous nuire, dans ce cas, » nous nous compléterons, au contraire, l'un l'autre. Celui qui prendra le cardage » aura, par la force même des choses, des cardes de toutes les natures, de toutes » les espèces ; par l'excellence et la variété de son outillage, par l'habileté grandie » par la pratique constante d'un travail spécial, il arrivera à réaliser sur les » matières premières des économies auxquelles il est impossible de prétendre avec » un outillage limité et un personnel à toutes mains.

» Il en serait de même du peignage.

» Quant au lavage, les études et la vie d'un homme instruit, actif et intelligent, » seront insuffisantes pour arriver à tirer un utile parti de toutes les ressources » qu'il présente, et j'entrevois, dès à présent, trois établissements à la place de » mon seul peignage ; il y aura donc avant peu, par mon fait, la création de trois » spécialités pour cette seule branche. »

(*) Dégraisser, carder et peigner.

dans un grand matériel de même nature, il y a toujours des parties à renouveler, et que, loin de repousser le progrès, on n'hésite pas à remplacer les parties arriérées par d'autres améliorées.

En France, notre industrie est encore sur une échelle trop restreinte pour que la spécialisation des diverses branches composant une même industrie puisse suffire à alimenter des établissements spéciaux ; en sorte que ce qui existe en Angleterre à l'état de régime, et qui devra tout naturellement, un jour, s'établir chez nous, ne peut pas encore s'y introduire. L'industrie française n'est donc pas encore arrivée à la période de dédoublement de ses établissements ; elle est encore sous le poids de la concentration, et ce n'est que lorsque, par de nouveaux développements, elle pourra entrer largement dans cette voie, que l'équilibre commencera à s'établir entre elle et ses voisins.

Une autre cause de dissemblance qui influe considérablement sur la position des brevetés, résulte de l'organisation fondamentale de ces deux pays.

En Angleterre, il n'y a pas plus de mutations pour les établissements industriels que pour le sol. Les fils, en général, deviennent les associés de leur père, et le décès n'amène aucun changement radical.

De là résulte la possibilité d'amortir, et de conserver amorti, tout l'outillage d'une usine ; en sorte que, l'amélioration survenant, le breveté rencontre des chefs d'usine qui n'ont à se préoccuper que de la dépense nouvelle qu'on leur propose de faire, sans avoir à mettre en ligne de compte la perte qu'on leur ferait subir sur le matériel existant.

Chez nous, l'amortissement a lieu, pendant un certain nombre d'années, pour éteindre le capital engagé dans l'outillage ;

mais au moment de la cession des établissements, le vendeur applique une nouvelle valeur au matériel dont il se défait, et l'acquéreur est à son tour grevé d'un nouvel amortissement; il résulte de là que l'industrie ayant toujours un matériel à amortir, ne peut accepter les propositions des brevetés qu'autant que ceux-ci offrent des avantages assez considérables pour compenser, à la fois, la dépense ancienne et la dépense nouvelle.

Le régime des grandes sociétés qui permet d'éviter les mutations trop fréquentes, finira sans doute par faire disparaître, chez nous, cette deuxième cause d'infériorité; mais elle est encore là pour un certain temps pendant lequel il y a une hésitation bien naturelle à l'annulation de l'outillage fonctionnant pour y substituer un progrès récent.

A ces causes, qui sont pour ainsi dire latentes, il faut en ajouter d'autres plus généralement connues :

Le prix de la main-d'œuvre est, en Angleterre, d'environ un cinquième plus élevé qu'en France; en sorte que tout progrès qui a pour objet une abréviation de main-d'œuvre y est d'autant plus apprécié et par conséquent mieux accueilli;

Le combustible y est moins cher que chez nous, et toute amélioration qui, pour s'obtenir, exige de la force motrice, s'accepte facilement en Angleterre, tandis qu'elle est en France l'objet d'hésitations bien motivées;

L'épargne, en Angleterre, a peu de choix et n'a, en général, que les placements industriels. En France, elle est sollicitée par une multiplicité d'offres, toutes sans aléat, qui la détournent de l'industrie;

L'esprit d'entreprise est infiniment plus développé en Angleterre qu'en France; l'habitude du succès y rend les débuts plus faciles;

L'outillage, déjà créé, y rend les essais moins coûteux;

Enfin, les débouchés y sont plus considérables et facilitent le placement des premiers produits incorrects qui, en France, resteraient pour compte.

Nous le voyons, tout concourt à rendre la position du breveté français inférieure à celle du breveté anglais.

Il est donc rationnel de compenser par la durée toutes les difficultés que présente la situation industrielle actuelle de notre pays.

Ce qu'il faut à la France, ce n'est pas seulement le mot brevet, ce n'est pas un simulacre d'institution, c'est le résultat, c'est la prospérité que procure le brevet. Or, le but de la loi étant le développement de l'industrie, nous devons faire, en la rectifiant, précisément ce que nous ferions en la créant, ce que ferait l'administration si la loi n'existait pas encore.

Supposons, effectivement, qu'il n'y ait pas encore de loi sur la propriété industrielle, et qu'il surgisse une invention exigeant des capitaux et un long temps de mise en train, comme toute invention sérieuse en exige.

Que se passerait-il ?

Que l'inventeur s'adresserait à l'autorité et lui dirait, par exemple :

« Je crois (s'il s'agit du gaz) que l'on peut tirer une belle » lumière de la houille en la distillant et en envoyant le pro- » duit gazeux dans des conduits, jusqu'aux lieux où l'on veut » obtenir la lumière.

» Mes essais seront certainement coûteux, et ils peuvent » être lents; l'application à toute la population, plus lente et » plus coûteuse encore. Je vous demande d'être seul pendant » trente ans à vendre de la lumière obtenue par mon procédé. »

Aucune loi ne s'y opposant, et les essais de l'inventeur ne

tendant qu'à augmenter les jouissances de la société, il est à présumer que l'autorité qui veut le progrès, répondrait oui, comme elle le ferait pour une mine à l'égard de l'inventeur de cette mine.

Or, dans ce cas, l'inventeur du gaz se fût trouvé plus protégé dans son intérêt, qui est l'intérêt général, en l'absence de toute loi en faveur des brevets d'invention, par cela seul que la durée eût été proportionnée à la difficulté.

Pour apprécier sainement la question de la durée à assigner aux brevets, il faut bien se pénétrer de la condition des inventeurs, si différente de celle des industriels qui prennent la suite d'une exploitation déjà créée et en plein rapport. Pour l'inventeur, l'inconnu, partout et toujours; et, chose digne de remarque, dans les œuvres capitales, l'inventeur n'appartient presque jamais à la branche d'industrie qu'il transforme (1).

Au contraire, les améliorations de détail sont, on peut le dire, toutes entreprises par les gens du métier.

Que résulte-t-il de cette différence de conditions et de but?

Que les perfectionneurs ont, en général, sous la main tous les éléments d'application de leur œuvre; qu'ils n'amé-

---

(1) Le métier à bas n'a pas été fait par une tricoteuse;
L'auteur de la mull-Jenny n'était pas fileur;
Ce n'est pas un marchand d'huile qui a inventé le gaz d'éclairage;
La bougie stéarique n'a pas été faite par un fabricant de chandelles;
Ce n'est pas une ouvrière en dentelles qui a fait le métier à tulle;
Vaucanson, en préludant au métier Jacquart, n'était pas tisserand;
Ce n'est point un voiturier qui a inventé les chemins de fer;
Fulton et Sauvage n'étaient point marins;
Dallery n'était point chaudronnier;
Le télégraphe électrique n'a pas été inventé par un préposé aux signaux télégraphiques.

liorent qu'avec opportunité, et qu'ils se placent presque toujours à la suite d'un succès.

Pour les créations nouvelles, tout est à faire; aucun précédent n'existe, et de plus, pour réussir, l'inventeur doit toujours avoir recours à des moyens tellement disproportionnés, qu'à l'origine, ces moyens équivalent à des impossibilités.

Pour remplacer un fuseau d'une valeur de quelques centimes, il lui a fallu trouver des centaines de mille francs.

Pour remplacer une chandelle de deux sous, l'inventeur a demandé des fourneaux, des cornues, des gazomètres, et il lui a fallu bouleverser les villes en tous sens pour placer ses tuyaux.

Pour remplacer un morceau de toile et une perche de sapin, l'inventeur du steamer a demandé à changer les dimensions des bateaux, et il a dépensé mille fois la valeur de ce qu'il remplaçait.

Pour supprimer une patache de quelques cents francs, l'inventeur de la locomotive a demandé les millions par centaines, pour une seule contrée, et, pour un pays, il a dû compter par milliards.

Quelles sont les conséquences de cette différence entre la grande invention, l'invention à révolution et l'invention d'amélioration? Quelles sont surtout les conséquences de la fâcheuse confusion que nous en faisons? C'est que nous condamnons fatalement toutes les grandes œuvres à échouer par insuffisance de *durée*, tandis que le succès est assuré aux améliorations de détails ou aux objets que l'on serait tenté de considérer comme inutiles.

Nous avons cité les difficultés qu'ont rencontrées quelques-unes de nos inventions capitales. Mettons en regard les résultats obtenus par des inventions que l'on peut appeler de second ordre.

Le brevet d'une sonnerie électrique a été vendu 50,000 fr.

Le brevet d'un bouton de gants a été vendu 60,000 fr.

Le brevet d'une épingle à crochet. . . . . . 70,000 fr.

Le brevet d'un fermoir de porte-monnaie a produit deux millions à son auteur.

Un autre inventeur, avec une pâte imitative d'écaille, s'est fait 50,000 francs de rentes.

Un autre, avec une carcasse de robe, a gagné cinq cent mille francs en deux années.

Et pendant que ces œuvres éphémères produisaient tout ce qu'elles pouvaient produire, nous voyions des œuvres sérieuses, utiles, durables, péricliter, languir et tomber!

Mais, nous l'avons dit, l'un peut agir seul, sans aucun concours: il ne relève que de lui; l'autre a toujours besoin du concours de la société.

L'un échappe à toutes les clauses restrictives ou conditionnelles qui ne l'atteignent jamais; l'autre est toujours certain d'être frappé par elles.

L'un a sa moisson faite avant l'échéance des clauses restrictives; l'autre n'a même pas commencé à semer quand approche le fatal délai.

L'objet du premier est abandonné par la mode dès les premières années de son brevet; le but du second n'est même pas encore connu quand sonne la déchéance.

Tout allongement de *durée* n'est donc, en aucune façon, préjudiciable aux auteurs ni à la société, pour les inventions de deuxième et troisième ordre; au contraire, l'insuffisance de durée est fatale à toutes les entreprises de longue haleine

En adoptant une durée plus longue, les brevets futiles deviendront certainement trop longs; mais qu'importe! Le public les abandonne avant terme; ils cessent de payer, ils ont joui pendant tout le temps qu'ils pouvaient exister.

En adoptant des brevets trop courts, les inventions futiles ne cessent pas d'être satisfaites; ce sont les grandes choses de l'industrie qui, seules, sont atteintes et frappées de mort. Mieux vaut donc s'exposer à pécher par la voie qui donne trop à l'industrie secondaire, mais qui a le mérite, au moins, de ne pas entraver les grandes œuvres.

Cette voie, c'est la durée prolongée, c'est elle que la nouvelle loi doit inaugurer.

2° DE LA DURÉE TRADITIONNELLE.

La tradition, c'est-à-dire l'esprit d'imitation du passé, le respect pour l'œuvre de nos devanciers, cette sorte de réciprocité internationale, doit-elle exister en matière de brevet d'invention?

Oui, de la part de la nation la plus avancée, non pour les nations en retard.

Pour les nations en retard, la réciprocité, en matière de brevet d'invention, devient le contre-pied de l'institution; elle correspond à un effacement volontaire pour livrer la place au voisin.

L'Exposé des motifs renferme une erreur matérielle, en ce sens que cette réciprocité n'existe pas; nous dirons même plus: elle ne **peut** pas, elle ne **doit** pas exister.

Constatons d'abord qu'elle *n'existe pas* en ce moment, puisque les durées actuelles des brevets sont :

En Belgique .... 20 ans;
En Bavière et en Hollande .... 15 ans;
En Angleterre et aux États-Unis .... 14 ans;
Dans le Wurtemberg .... 10 ans;
En Prusse, le texte porte de six mois à quinze ans; mais comme il y a examen et que la délivrance est facultative, la durée ordinaire est de cinq ans, et la durée maxima de .... 7 ans;
En Russie, la durée varie entre trois, cinq, six et dix ans; mais comme la faveur y entre pour une grande part, le plus grand nombre des brevets ne dépasse pas .... 6 ans;
En Hanovre, le brevet d'invention est de .... 5 ans;
En Saxe, il est de .... 5 ans.

Il n'y a donc là, on le voit, aucune similitude, aucune réciprocité; chaque nation a agi et agit pour elle et en vue de son intérêt propre, plus ou moins bien entendu.

La réciprocité ne **peut** pas exister entre les diverses nations industrielles; car la première de toutes, l'Angleterre, la seule dont il faille se préoccuper, ne prend et n'a jamais pris, dans ces sortes de questions, conseil que de son intérêt.

Enfin elle ne **doit** pas exister; car le plus beau privilége de l'humanité est sans contredit son pouvoir créateur. Pousser à cette merveilleuse faculté, est le plus beau rôle d'un gouvernement; en assurer le fonctionnement, est la plus noble mission des législateurs; la voir réaliser, doit être le but constant des nations.

Or, établir la réciprocité dans les moyens de travail, serait vouloir détruire cette émulation qui cherche aujourd'hui ses points de comparaison au delà des frontières; ce serait les restreindre aux rivalités intérieures, comprimer l'élan des plus ardents, enfin créer le nivellement par la médiocrité.

Quant à nous, notre opinion est formelle, et, nous le répétons, la réciprocité n'existe pas; elle ne doit pas exister.

3° DE L'ENTRAVE ET DU MONOPOLE.

Une fois engagé dans une fausse voie, les étapes s'échelonnent d'elles-mêmes, et du principe de la concession à celui de l'entrave, il n'y a qu'un pas. L'Exposé des motifs, loin de considérer, comme la loi anglaise et comme la loi de 91, que le brevet est la source et la cause des progrès de l'industrie, persiste, comme l'a fait l'Exposé des motifs de 1844, à considérer le brevet comme une entrave :

« Il ne faut pas qu'en France, » y est-il dit, « on enchaîne » par le monopole ce qui, partout ailleurs, serait libre de cette » entrave. »

Pour s'être laissé dominer par une semblable erreur, il faut avoir oublié que l'Angleterre n'a pas craint de s'imposer cette entrave pendant plus d'un siècle et demi avant aucun peuple du continent; que c'est sous son empire qu'elle est devenue la première nation industrielle du globe.

Si, comme le dit l'Exposé des motifs, le brevet d'invention était une entrave industrielle, et si, en conséquence, les peuples qui en sont affranchis devaient conquérir la supériorité sur ceux qui en souffrent, l'Angleterre serait la plus arriérée des nations de l'Europe, puisque la liberté des inventions industrielles a régné pendant 168 années sur le continent, tandis que l'industrie anglaise **était sous le régime de l'entrave des brevets!**

Nous avons fait voir déjà l'influence fâcheuse exercée

par une déviation dans le principe de la propriété. Voici quelles sont les conséquences du brevet considéré comme une entrave.

C'est à cette doctrine de l'entrave que sont dues :

La nouveauté absolue;
La suppression du brevet d'importation ;
La déchéance pour non-paiement ;
La déchéance pour cause d'inaction ;
La déchéance pour cause d'interruption ;
Les restrictions envers les étrangers.

Loin d'être une entrave, le brevet, au contraire, est la clef de voûte de l'industrie ; c'en est la fondation, c'est la base sur laquelle elle s'appuie.

Avons-nous jamais eu la pensée de considérer nos enfants comme des entraves parce qu'ils sont faibles et qu'il leur faut des soins longs et assidus ?

Jamais !

L'arbre qui pousse et qui exige un tuteur, une greffe, des soins, un temps sans production, a-t-il jamais été une entrave pour l'arbre qui est tout poussé ?

C'est très-souvent l'opposé : c'est l'arbre qui a toute sa vigueur qui étouffe celui qui demande à croître.

Non, le brevet n'a jamais été une entrave.

Le premier occupant d'un champ quelconque, dès qu'il a cultivé ce champ, n'a été une entrave ni pour le pays ni pour le champ voisin. C'est alors seulement que le nombre des occupants a égalé le nombre des champs disponibles, que l'entrave a commencé d'exister; car, alors, n'a pas pu cultiver qui a voulu ; la place était prise, et prise pour toujours, à moins de cession volontaire. Mais ici le cas est doublement différent : d'abord, le nombre des champs intellectuels à cultiver est indéfini, et chacun peut trouver la culture du sien en le travaillant convenablement. Ensuite, et c'est là l'immense différence, le premier occupant industriel est toujours un défricheur qui prépare non-seulement son propre champ pour le livrer ensuite, mais qui indique comment on pourra en créer de semblables autant qu'il sera nécessaire, et son principal privilége est d'avoir plus de fatigue et moins de produits que ses successeurs.

Tandis que le monopole groupe en une seule main des choses antérieurement éparses et abuse de cette détention unique en prélevant des bénéfices exagérés, le breveté, lui, crée, ajoute, augmente l'avoir social.

Entre eux il y a cette différence, que le monopole veut donner moins et obtenir davantage, pendant que le breveté a besoin de donner plus, en jouissance, pour une somme relativement moindre.

Le brevet, c'est la lumière, c'est le progrès ; et la lumière et le progrès n'ont jamais été et ne seront jamais des entraves.

L'homme avait sa faiblesse et son impuissance pour entrave.

Qui donc l'a débarrassé des langes de cette impuissance? Qui donc lui a prêté des sens nouveaux, des facultés nouvelles? lui a permis de dompter l'Océan? l'a pourvu de jarrets d'acier le poussant à cinq cents lieues entre deux soleils? a permis à sa pensée de franchir le monde en quelques secondes?

Nul n'est digne d'un bienfait s'il ne sait l'attendre. Qu'on laisse donc grossir l'arbre avant de l'abattre ; qu'on n'enlève pas trop tôt un enfant à sa mère.... qu'on laisse l'œuvre à son auteur jusqu'à ce qu'il l'ait achevée. Le temps de l'attente n'est point une entrave, c'est un auxiliaire. Nous savons le temps qu'il faut attendre une moisson avant de la couper; sachons, pour la moisson industrielle, attendre qu'elle soit mûre pour l'enlever.

Ne mesurons ni le mérite ni le droit à la durée du travail: quand la nature, qui fait de si grandes choses, procède par atome et avec le secours des siècles, les travailleurs de l'humanité peuvent, sans rougir, réclamer quatre lustres pour de faibles progrès.

L'important est qu'il y ait jouissance nouvelle, qu'il y ait progrès accompli; là où il y a progrès, nous le disons encore, il n'y a jamais entrave.

La doctrine de l'entrave que nous venons d'examiner ne conduirait pas à une autre conséquence que celle-ci : le brevet d'invention est une institution détestable, et loin de désirer que les progrès naissent chez nous, il faut souhaiter qu'ils s'enfantent et s'implantent d'abord chez nos voisins.

La loi de 1791 considérait l'inventeur comme un instrument qu'il faut savoir mettre en œuvre au profit du pays; elle ne redoutait pas d'être quinze ans sous le régime du monopole pendant que les autres peuples jouiraient de la franchise; elle disait tout l'opposé, elle disait : « Quiconque, après avoir breveté en France une invention, ira la breveter ailleurs, sera déchu de tous ses droits en France. »

Elle comprenait qu'il faut donner au planteur la certitude que son arbre ne sera pas renversé le lendemain, sans quoi il ne le plantera pas. Allant plus loin, les législateurs de 91, sachant qu'en industrie il ne suffit pas d'égaler ses rivaux, qu'il faut les dépasser, ne s'étaient pas bornés à vouloir un bien absolu; ils avaient voulu, en outre, un mieux relatif, et, dans ce but, ils avaient refusé à l'inventeur français le droit d'aller lui-même faciliter l'implantation à l'étranger.

L'Angleterre, de son côté, répondait à cette mesure nationale par des dispositions aussi efficaces et moins restrictives, dispositions adoptées 150 ans plus tôt dans les statuts de Jacques Ier, lesquelles disaient : Nous recevons et adoptons comme invention tout ce qui n'a pas été pratiqué sur notre sol; pour nous, invention industrielle signifie ce qui n'a pas encore été exécuté manufacturièrement; tout ce que les capitaux n'ont pas encore osé exploiter, qu'il y ait eu ou non description chez nous ou ailleurs; c'est le résultat matériel nouveau que nous voulons, que nous appelons et que nous facilitons.

Cette doctrine du résultat effectif comme représentant le mérite industriel s'est fait jour dans le jury des expositions de l'industrie (1).

Pour le brevet, la loi doit être de même : ne faites pas de la science abstraite, ne nous livrez pas des espérances théoriques, mais de l'industrie pratique, mais des produits, sans quoi vous viciez l'institution du brevet. L'industrie doit s'écrire avec la matière et non avec de l'encre; la plume n'est

---

(1) Dans nos expositions industrielles, ce n'est pas toujours le mérite intrinsèque qui a été récompensé, c'est aussi la production : tel à grand mérite, mais à faible production, a été mis de beaucoup au-dessous de tel autre à faible mérite et à grande production.

C'est un système qui choque au premier abord, et qui a cependant son fonds de logique. Sachez faire jouir réellement la société, ne faites pas des curiosités, des échantillons que nous envisageons comme des promesses ou des espérances; produisez réellement, nous vous jugerons alors. Ce n'est ni de la science ni de la théorie que nous demandons, c'est de l'industrie, ce sont des produits. Voilà, dans beaucoup de circonstances, l'esprit dans lequel ont agi les membres du jury de nos expositions industrielles.

faite, à son égard, que pour en garder et en transmettre la trace.

Le brevet est un moyen et non un monopole; il procure la franchise au pays qui prend les devants, et nous devons l'accueillir et le traiter comme l'appât qui provoque les débuts, et qui, donnant à un peuple l'avance de l'expérience, de l'outillage, de la main-d'œuvre, lui assure une longue exploitation sans rivale. Il met le pays en possession d'une chose plus précieuse encore que le moyen de travail et plus difficile à détourner, une fois formée et acquise : d'une clientèle universelle chez laquelle, souvent, le besoin de l'objet nouveau est passé à l'instant où les peuples imitateurs se présentent avec les mêmes objets, confectionnés à bas prix, pour tenter un acheteur déjà approvisionné.

Pour nous, bien loin de partager une telle manière de voir, nous dirons, au contraire, que la nation qui offrira le plus d'avantages aux hommes d'intelligence ou d'initiative, les attirera chez elle; que la nation qui offrira le plus de sécurité à la propriété industrielle, verra toutes les industries débuter sur son territoire; et que la nation chez laquelle les industries nouvelles s'implanteront à leur origine, sera assurée d'une longue supériorité sur toutes les autres. C'est alors cette nation qui se trouvera exercer un véritable *monopole* sur le reste de l'humanité.

4° DU PRIVILÉGE DES ÉTRANGERS.

Considérant ce qui a trait aux droits des inventeurs étrangers, l'Exposé des motifs, toujours pour éviter une durée plus longue en France qu'en aucun autre pays, dit que, « dans aucun cas, le brevet d'un étranger ne pourra excéder, en France, la durée du brevet antérieurement pris à l'étranger. »

Quand une fois on s'est laissé entraîner par une première erreur, on est presque naturellement conduit à d'autres.

La question de la durée réciproque démontre combien il est dangereux de regarder hors de chez soi lorsqu'il s'agit de stimulants intérieurs.

Ou ce que proclame l'Exposé des motifs est exact, et la France doit éviter d'avoir chez elle des industries sous le régime de l'entrave du brevet, pendant que la même industrie serait libre ailleurs; ou le monopole est un moyen d'attirer et d'implanter chez soi les progrès réalisés en d'autres pays, et il faut l'offrir assez large pour qu'il soit efficace.

Si le monopole est une cause d'infériorité, la loi n'est ni logique ni rationnelle, car elle ne conduit nullement au but. On nous dit :

« Le brevet pris en France par un étranger cessera dès que le brevet étranger prendra fin. »

Cela signifie deux choses :

La première, que nous voulons être injustes envers les étrangers, puisque, reconnaissant que, chez nous, quinze ans sont nécessaires pour implanter une industrie quelconque et récupérer les avances faites, nous voulons les réduire à une durée sciemment insuffisante ;

La seconde, que la mesure proposée conduit précisément au résultat opposé au but qu'on veut atteindre. En effet, et c'est là que l'Exposé des motifs cesse d'être conséquent avec sa propre doctrine, il dit : « Le brevet français prendra fin en même temps que le brevet étranger. » Oui, cela aura lieu, si l'étranger a pris son brevet chez lui d'abord; mais s'il a commencé par la France, vous aurez précisément l'opposé, c'est-à-dire une industrie sous l'entrave du monopole chez vous, pendant qu'elle sera libre ailleurs : vous n'aurez pas atteint votre but. Pour être conséquent, il faut examiner quelle est la durée la plus restreinte, admise sur le globe, et adopter la plus courte ; et comme, dans cette recherche, vous trouverez des peuples qui n'ont pas de brevet, qu'à leur égard l'industrie sera toujours libre, pendant qu'elle sera monopolisée chez vous, vous arriverez à la suppression complète des brevets.

Prenons-y garde, tout s'enchaîne dans cette matière, et lorsque nous voulons atteindre ainsi les étrangers, nous frappons juste au cœur de nos nationaux.

Car si le brevet est un monopole et une entrave, si l'homme qui tient sous le monopole, en France, une industrie libre ailleurs, est l'ennemi de son pays, tous nos inventeurs doivent être, de par la loi, obligés de prendre des brevets dans tout l'univers, sous peine d'être considérés comme ennemis de leur pays et traités comme tels; car l'inventeur français, en ne prenant de brevet qu'en France, tiendra nécessairement sous le monopole, chez nous, une industrie libre partout ailleurs ! Et, subissant alors un joug dont nous déplorerions les résultats, nous nous trouverions involontairement tentés d'être partiaux ou au moins rigoureux à leur égard, et nous continuerions à leur créer une existence tout exceptionnelle.

Mieux vaut les éloigner ; qu'elles aillent, ces entraves vivantes, exercer leur pesant monopole chez d'autres peuples, et qu'elles dégagent la France de leurs priviléges, afin que sa prospérité devienne indéfinie !

DURÉE. — CONCLUSION.

Concluons : la durée de quinze ans est insuffisante; un brevet ne peut dédommager son auteur que par l'application utile de l'œuvre décrite.

Or, dans les grandes applications industrielles, que fait-on en quinze ans?

On lutte, voilà tout! Qu'avons-nous jamais fait comme réalisation des grandes industries dans les quinze premières années?

Quinze ans après la découverte du gaz, combien y avait-il de becs allumés?

Quinze ans après les premières preuves de la possibilité des chemins de fer, quel était notre réseau?

Quinze ans après l'invention de Fulton, combien possédions-nous de bateaux à vapeur?

Quinze ans après l'invention de Sauvage, combien y avait-il de bateaux à hélice?

Quinze ans après l'invention de Philippe de Girard, combien y avait-il d'usines à lin?

Quinze ans après le brevet de Dallery, combien y avait-il de chaudières tubulaires?

Qu'avait fait le grand Watt lui-même quinze ans après la prise de son brevet?... Rien que fournir des preuves!... Il a fallu, en deux reprises, porter son brevet à vingt-huit ans!

On nous dira : « Mais la France ne se refuse pas à prolonger... » Erreur, la France dépossède le breveté deux ans après l'émission de sa création, s'il n'est parvenu à convaincre personne!... Le nouveau projet de loi propose de lui accorder trois ans!...

On pourrait croire que cette libéralité apparente est un avantage pour le breveté. Non; mieux valait, encore, les dispositions de la loi actuellement en vigueur que la prétendue faveur du nouveau projet. La loi de 1844 laisse au magistrat l'appréciation des causes d'inaction; le breveté peut s'expliquer, produire ses motifs d'abstention. Cette ressource lu est enlevée dans le nouveau projet, et la déchéance est prononcée d'office et sans appel, à l'expiration de trois années !

Heureux inventeurs de parachutes en papier, de ballons enfantins, de pistolets en zinc! Vous récréez, vous développez la santé par un utile exercice ; vous procurez à la France un écoulement important de matière première ; vous faites en peu de temps une brillante fortune et vous êtes toujours en règle avec la loi ; elle semble s'être mesurée à vos besoins. Vous devez être satisfaits, les questions que nous soulevons vous touchent fort peu (1).

Quant aux monopoleurs qui ont la prétention de résoudre des questions d'utilité générale, ceux-là sont des présomptueux ; la loi projetée les rappellera à l'humilité, et le néant de leur impuissance se manifestera après trois printemps; patience donc, nous ne tarderons pas à jouir de leur confusion !

Pour les exciter, c'est vrai, nous leur avons fait entrevoir la possibilité d'une prolongation de durée analogue à celle dont a joui le célèbre Watt ; mais comme après trois ans, d'après

---

(1) Il est des auteurs qui, à l'occasion de la durée, invoquent les statistiques. Sur 2,035 brevets pris en 1844-1845, disent-ils, il n'en restait, dix ans après, en 1854, que 248, dont on continuât à payer les annuités ; et, sur 2,048 brevets délivrés en 1846, on n'en comptait plus, en 1854, huit ans après, que 189 qui acquittassent les annuités, c'est-à-dire moins de un dixième, viables après huit ans.

Ces personnes infèrent de ces chiffres que la loi ne doit pas être faite pour les exceptions, et que les grandes inventions, à longue durée, étant le petit nombre, la loi doit être faite pour les inventions ordinaires qui ne réclament qu'une faible durée.

Si l'on devait admettre un semblable raisonnement pour servir de base à la fixation de la durée des brevets, ce n'est pas quinze ans, mais bien dix ans, et peut-être moins qu'il faudrait adopter ; car les neuf dixièmes ne dépassant pas dix ans, et un dixième seulement allant au delà, c'est le plus grand nombre qui devrait constituer la règle.

Il faut, du reste, bien se garder de trop de précipitation dans l'interprétation des statistiques ; et nous sommes convaincu que si les nombreuses causes de déchéance

le principe du projet de loi, ils n'existeront plus, nous ne serons pas souvent importunés de semblables demandes.

Tel est le langage du nouveau projet de loi, ou, au moins, tels sont ses effets : le breveté doit tout à la société ; la société ne doit rien au breveté. Armé de son titre, tout doit fléchir devant lui : capitaux, administrations, concours de toute sorte, rien ne peut lui faillir, et s'il n'arrive à rien dans le temps réglementaire, c'est qu'il l'aura voulu ; c'est que le titre est en mauvaise main, il faut l'en arracher !

Quoi ! c'est lorsqu'on a les preuves les plus évidentes que ce sont les sociétés qui retiennent les progrès ; que toujours les inventeurs devancent les besoins ; qu'ils ont le tort de venir trop tôt pour leur époque, ou plutôt, que leur époque est toujours lente à les comprendre ; c'est à l'instant de réviser un contrat évidemment inégal, qu'on leur refuse un misérable allongement de cinq ans ! alors qu'ils appuient cette réclamation de la preuve des ruines successives que l'insuffisance de

---

qui frappent notre industrie disparaissaient de la loi, le chiffre final des brevets à longue durée, c'est-à-dire des brevets sérieux, serait plus que doublé.

Dans tous les cas, ce n'est pas ainsi qu'il faut interpréter les chiffres cités ; les conséquences qu'il faut en tirer sont celles-ci :

La durée du plus grand nombre des brevets se fixant, non par le texte de la loi, non par la volonté des inventeurs, mais bien par le degré de vitalité des inventions ; le plus grand nombre de celles-ci ne possédant que les éléments d'une existence éphémère très inférieure à la durée légale, la longue durée, nécessaire aux œuvres sérieuses, est sans influence sur toutes les autres, qui se règlent d'elles-mêmes. En effet, sur 2,000 brevets, il n'y en a pas cent qui arrivent au terme de quinze ans; sur les mêmes deux mille, il n'y en aura probablement pas cinquante qui atteindront au terme de vingt années.

Donc, la durée des brevets est indépendante de la durée fixée par la loi, et celle-ci, quelle qu'elle soit, est sans influence sur la prolongation d'existence des œuvres mort-nées; elles prennent fin d'elles-mêmes et sans avoir égard à la durée légale. Qu'on rende cette durée suffisante pour les découvertes importantes, et l'on aura déposé dans la loi un principe équitable ; on ne rendra plus, ce qui est une monstruosité, les hommes sérieux et utiles, victimes du grand nombre de demandes légèrement faites ou faites pour des œuvres de peu de durée.

a durée a causées! Alors que plusieurs Chambres de commerce, la Société d'encouragement, la Commission ministérielle elle-même l'ont demandé.

Espérons qu'un nouvel examen mettra sur la trace de la vérité, démontrera l'absolue nécessité d'un allongement dans la durée des brevets, et fera comprendre, enfin, au pays que, tout en rendant justice à l'une des classes les plus utiles de la société, il agit dans l'intérêt de sa grandeur et de sa prospérité.

CHAPITRE III.

De la Taxe.

Lorsque nous avons déposé notre première note, nous déplorions tellement de voir le principe de la taxe s'anéantir dans le brevet à 20 francs, que nous considérions le maintien du taux de 100 francs comme un bienfait.

Néanmoins, comme, tout en conservant le premier versement à 100 francs, il est possible de donner satisfaction aux autres conditions d'investigation, de garantie d'exécution, de publication par livraison, etc., qu'il serait si désirable de voir introduire, nous allons examiner ce côté de notre législation aux différents points de vue :

Du fractionnement en annuité ;
Du meilleur mode de taxation ;
Des facilités à donner aux débutants.

DU FRACTIONNEMENT EN ANNUITÉ.

L'Exposé des motifs attribue à la perfection de la loi de 1844 l'accroissement du nombre des brevets ; il dit, à la page 9 :

« Cette loi (de 1844) constituait un progrès réel sur les dispo-
» sitions antérieures ; aussi, en rendant les brevets plus accessi-
» bles, notamment par le fractionnement de la taxe, en a-t-elle
» accru rapidement le nombre. »

Dans notre opinion, le nombre des brevets n'était pas dû à la perfection de la loi, il n'était dû qu'à l'abaissement de la taxe. C'est lui seul qui nous a valu cette innombrable quantité de brevets abandonnés.

S'il y avait, dans l'empire français, deux lois différentes sur les brevets, le nombre des préférences accordées à l'une d'elles pourrait servir d'indice sur sa perfection relative; mais dès qu'il n'y en a qu'une, il faut, forcément, s'adresser à elle et le nombre des demandes est indépendant de son mérite.

Certes, il faut faciliter les débuts des inventeurs, et 1,500 francs seraient trop lourds, chez nous, à payer dès l'origine; mais entre ces deux extrêmes d'un seul paiement, en déposant la demande, ou d'un fractionnement tel qu'il fournisse quatorze cas de déchéance en quinze ans, il y a des intermédiaires, soit comme taux, soit comme périodes, soit comme époques de paiement.

L'Angleterre délivre un brevet de trois ans, avant la fin desquels on a le droit de s'inscrire pour une seconde période de quatre ans; et enfin, avant la fin de la septième année de jouissance, on peut s'inscrire encore pour sept nouvelles années.

Mais, en France, pouvons-nous dire que nous donnons un brevet d'une année, avec faculté de nouvelles demandes? Evidemment non, puisque le projet prévoit une période d'inaction de trois ans. Ce n'est donc pas un brevet d'un an ayant produit ses effets pendant une année et que l'on prolonge ensuite. Non, il n'a pas commencé à la fin de la première année : il peut même ne commencer que dans le cours de la troisième année; il n'y aura donc pas eu trois brevets en trois ans, mais un brevet de trois ans, payable par fraction. C'est tout simplement un mode particulier de libération, et il est au moins étrange que, sans motif sérieux, on maintienne dans nos lois un régime de rigueur aussi exceptionnel, précisément vis-à-vis d'une classe d'hommes que la société déclare vouloir protéger.

DU MEILLEUR MODE DE TAXATION.

La loi anglaise, que nous prendrons encore pour exemple, a subi, en 1851, trois grandes modifications :

1° L'abaissement et le fractionnement de la taxe ;
2° La publication des brevets par livraison ;
3° Le droit d'opposition ou d'examen comparatif de deux descriptions, sur la demande des postulants intéressés.

Ce troisième point, étant une complication en complet désaccord avec la large simplicité de la loi anglaise, fut promptement négligé et tomba en désuétude après les trois ou quatre premières années ; mais les deux autres, en revanche, constituèrent deux améliorations capitales qui atteignent admirablement le but que le législateur s'était proposé.

Nous souhaitons donc de les voir introduire dans notre nouvelle législation.

A notre avis, la taxation uniforme a le tort de ne pas rendre les premières années moins onéreuses que les dernières ;

Elle ne met pas aux mains de l'administration une somme suffisante pour couvrir les frais de publication ;

Elle ne divise pas le brevet en périodes d'exploitation.

Pour que le mode de taxation fût complet, c'est-à-dire

pour qu'il répondît aux différentes exigences de cette loi, il faudrait qu'il procurât :

1° Une garantie matérielle d'exécution;

2° La couverture des frais de publication des brevets;

3° Le fractionnement ou la division du brevet en périodes d'exploitation ;

4° La progression du prix de chaque période ;

5° La réunion facultative des fractions pour composer un seul et même brevet.

Dans ce but, nous proposerons de faire suivre à la taxe la progression de 60, 100, 140 et 200 fr.

Ainsi, sauf la variante du versement d'inscription, dont il sera parlé plus loin:

Les cinq premières annuités, à raison de 60 fr. par an, seraient payées presque ensemble : 100 d'abord et 200 fr. quelques mois après, c'est-à-dire dans la période de la demande, soit.............................. 300 fr.

Les 5 années suivantes, à raison de 100 fr., soit.................................. 500

Les 5 autres annuités, à 140 fr. l'une, soit ensemble.............................. 700

Enfin les 5 dernières, 200 fr., soit........ 1,000

Total...... 2,500 fr.

Le brevet de 20 ans coûterait donc 2,500 fr.

Les 15 premières années ressortiraient ainsi à 1,500 fr., et les 5 années supplémentaires coûteraient à elles seules 1,000 fr.

Ce mode de paiement, moins l'élévation du prix, nous rapprocherait du principe de la taxe anglaise, qui est, sous tous les rapports, la mieux entendue.

La première somme versée, sans être considérable, répond, à la fois, à la garantie d'exécution et à la couverture des frais de publication à faire par l'administration.

Le fractionnement par groupe de cinq années, non-seulement divise le brevet en périodes d'exploitation quinquennales, mais différencie le prix de chaque période de manière à rendre la taxe plus légère pour les industries éphémères que pour les produits plus sérieux.

Il fait ressortir à une moyenne de 60 fr. par an les brevets de 5 ans;

De 80 fr. par an, les brevets de 10 ans;

De 100 fr. par an, les brevets de 15 ans;

Et de 125 fr. par an, les brevets de 20 ans.

Ces quatre fractions réunies composent le brevet le plus important.

Il ne force pas à sortir plus de 100 fr. au début, comme nous le verrons plus loin.

Enfin, il simplifie le mode de perception.

Mais ce qu'il a surtout à nos yeux de bien précieux, c'est de diminuer le nombre des causes de déchéance, en admettant, toutefois, qu'on persiste à maintenir cette disposition de la déchéance pour inexactitude de paiement!

Ici, nous nous séparons de la loi anglaise, et bien que, chez elle, chaque période soit considérée comme représentant un brevet spécial; bien que la manière de faire savoir que l'on désire un deuxième brevet, c'est de payer d'avance ce deuxième brevet comme on a payé d'avance le premier; bien que cette convention tacite légitime la déchéance, il nous paraît d'abord illogique de déclarer dans un endroit qu'il y a avantage pour le pays à avoir un propriétaire pour chaque idée exploitable, et de n'admettre, ensuite, aucune espèce de circonstance qui puisse racheter une impossibilité momentanée ou un oubli.

Il nous paraît souverainement injuste de punir cet oubli ou cette impossibilité, par la confiscation complète, et de ne pas permettre le lendemain ce qu'on trouvait bon la veille, surtout si un intérêt actif, opposé, n'est pas encore intervenu.

Qu'il y ait pénalité, soit par une amende fixe, soit par une augmentation progressive dans les sommes à payer, soit par une réduction de la durée proportionnelle au retard, soit par la combinaison de ces divers systèmes réunis ou par tout autre, toujours sous la réserve expresse du droit des tiers, nous le comprendrions; mais qu'il y ait, tout d'abord, confiscation, ce qui constitue une injustice, puis abandon au domaine public, ce qui constitue un acte de mauvaise administration, là, nous ne reconnaissons plus le bon sens pratique, la logique et la largesse ordinaires des institutions industrielles de l'Angleterre; et bien que cette cause de dépossession ne se reproduise que deux fois en quatorze ans, nous voudrions, en ce qui nous concerne, la voir disparaître de la loi française (1).

---

(1) Quant à la déchéance pour cause d'inexactitude de paiement, vainement nous avons cherché à quel rouage social peut correspondre cette formalité de l'acquit à l'heure dite.

Il constate la régularité, l'exactitude, l'ordre du titulaire ; il représente la précaution que chacun doit avoir de fermer sa porte ; mais il ne va pas au delà. Dans toutes les conditions de la vie, si, par hasard, malgré qu'on doive fermer sa porte, il advient qu'on oublie de le faire, le voleur qui entrera trouvera, le lendemain, des juges pour le condamner, s'il a commis un vol, et le volé aura tout simplement subi une perte partielle, souvent même une restitution pourra être effectuée. Avec le brevet, que se passera-t-il ? La porte étant laissée ouverte et le voleur ayant été surpris par le volé, celui-ci trouvera-t-il un juge qui punisse le délinquant ? Non, le voleur volera légalement !... Il y a mieux, le volé ne sera pas seulement volé pen-

DE LA FACILITÉ AU DÉBUT.

Pour faciliter les débuts et pour ne pas sortir de la première taxe à 100 fr., voici ce qui nous paraîtrait raisonnable d'admettre :

En déposant la demande, versement de 100 francs ; pendant les six mois de secret du nouveau projet de loi, l'inventeur aura le droit de retirer sa demande. A l'expiration des six mois, s'il persiste, il devra compléter, par un versement de 200 francs, le montant du prix de la première période de cinq années de jouissance. S'il continue, son paquet est ouvert et livré à l'impression pour être publié par exemplaire. S'il ne continue pas, son paquet reste cacheté, et n'est ouvert qu'après un délai de dix années.

Nous verrions dans cette disposition plusieurs avantages :

1° La facilité au début ;

2° Un délai de réflexion et d'investigation avant de com-

---

dant le temps que la porte est restée ouverte ; non, il ne peut même plus expulser le voleur ; il est exproprié, ce sont les voleurs qui sont dans leurs droits ! Mais, dira-t-on, si la porte est refermée avant qu'on ait commis le vol, sans doute, le voleur, ignorant qu'il aurait pu commettre ce vol, n'aura pas acquis un droit, et le propriétaire continuera à être maître chez lui ? Point ! Il sera volé par cela seul qu'il aurait pu être volé. La fortune que vous avez mise dans un brevet n'est point une propriété, c'est une *concession conditionnelle*, c'est une éphéméride ailée ; la porte une fois ouverte, elle s'échappe sans retour ! Tout le monde acquiert le droit de chasse... Et cela se présente quatorze fois pendant la durée d'un brevet ! ! !

Ne nous étonnons donc pas si les capitalistes de notre pays ne veulent pas engager leurs capitaux sur une semblable hypothèque !... s'ils fuient les industries nouvelles, s'ils s'éloignent de tous progrès. Les inventeurs les trompent en se trompant eux-mêmes, car ils ne sont jamais sûrs de rien.

Ils n'ont même pas le recours en grâce qu'on accorde aux criminels ! Le forfait de l'inventeur en retard d'un quart d'heure, pour le paiement de la taxe, est trop grand pour ne pas trouver un châtiment sans merci ni miséricorde.

pléter le premier versement, qui représente une garantie de la sérieuse intention des demandeurs;

3° La porte restée ouverte à des demandes sérieuses par la non publication immédiate des demandes abandonnées;

4° Enfin, l'idée acquise un jour au domaine commun, si tant est qu'elle puisse être susceptible d'application.

CHAPITRE IV.

Consolidation.

DE LA CAUSE DU MAL ACTUEL.

Frappé des nombreux procès auxquels l'institution des brevets donne lieu en France, on a voulu y porter un remède pour ainsi dire homœopatique, guérir le mal par le mal, faire soi-même et à soi-même un procès volontaire, pour éviter les procès que pourraient faire les tiers; on a pensé qu'en projetant une lumière spéciale au cœur d'une question spéciale, elle serait éclairée pour tous, et à la manière de tous, d'une façon assez complète pour échapper, dans l'avenir, à toute espèce de contradiction.

On s'est trompé, surtout sur la cause : ce n'est pas le brevet qui occasionne le mal, c'est l'esprit de la loi qui n'est pas assez net à l'égard des principes fondamentaux ; c'est lui qui fait prendre le change sur la nature du mal et sur le remède à y apporter.

L'Exposé des motifs s'exprime ainsi :

SECTION V.

CONFIRMATION DE BREVETS.

« La cinquième section contient l'innovation la plus importante » du projet de loi ; elle a pour objet de donner à l'inventeur la

» faculté de mettre son brevet à l'abri de toute attaque de la part » des tiers.

» Le principe fondamental de la loi nouvelle, comme celui de » 1844, aujourd'hui adopté dans la plupart des législations, c'est » la délivrance de brevet sans examen. Le principe contraire, » c'est-à-dire l'examen préalable, est inadmissible pour trois mo- » tifs qui nous paraissent décisifs :

» Le premier, tiré de la multiplicité toujours croissante des » brevets et de l'impossibilité de faire précéder l'obtention du » titre d'une instruction longue et compliquée, entraînant des dé- » lais pendant lesquels les intérêts de l'industriel seraient en » souffrance et son secret exposé à une divulgation.

» Le deuxième, tiré de la difficulté que présenterait l'étude du » nouveau procédé, en l'absence de toute pratique et de toute ex- » ploitation; de l'inconvénient grave qu'il y aurait à engager la » responsabilité de l'administration dans une série de décisions » sur des questions aussi délicates.

» Le troisième, enfin, tiré d'un expérience prolongée, tant en » France que chez les autres peuples, du régime maintenu dans le » projet de loi.

» Le brevet n'est délivré qu'aux risques et périls du deman- » deur et sous la réserve de tous les droits que pourront exercer » contre lui toutes les personnes qui y seront intéressées.

» L'usage de cette faculté accordée à tous, de contester la nou- » veauté et la réalité de l'invention, a donné lieu à de graves » abus et amené plus d'une fois des conséquences désastreuses » pour le breveté. Les contrefacteurs ne manquent pas d'invoquer » ce moyen contre ses poursuites; et l'on a vu tel inventeur » épuiser ses ressources et passer de longues années dans une » lutte sans cesse renouvelée par des contrefacteurs, agissant » tantôt sous leur nom et tantôt sous des noms supposés (1). »

---

(1) *Affaires Christofle, cessionnaire des brevets pour la dorure et l'argenture.*

« Ces brevets ont donné lieu à plus de 167 instances, de 1842 à 1857 :
» 122 jugements de première instance et de police correctionnelle;
» 34 arrêts de la Cour impériale;
» 10 — de la Cour de cassation. »

On le voit, l'exposé des motifs cite pour exemple plusieurs procès :

Rohlfs-Seyrig, — Sax, — Christofle.

Or, que prouvent ces procès? Ils prouvent, d'abord, que la consolidation aurait tout aussi bien pu s'arrêter sur une des décisions contraires aux brevetés, que sur les décisions favorables, et, par conséquent, qu'elle n'est pas encore la véritable lumière; ensuite, ils démontrent, et c'est là surtout le

---

Affaires Sax, breveté pour instruments de musique.

» Les inventions du sieur Sax ont donné lieu à jugements de première instance et de police correctionnelle;
» ... arrêts de la Cour impériale;
» ... arrêts de la Cour de cassation. »

Affaires Rohlfs, Seyrig et autres, C. Crespel-Dellisse et Leyvratz.

« Cette affaire montre quelles phases diverses peut subir un procès en contrefaçon ; car ici il ne s'agit que d'un procès unique entre les mêmes parties, le demandeur et le défendeur étant toujours les mêmes. Par là on peut voir jusqu'à quel point les principes de la chose jugée sont peu efficaces en matière de brevet d'invention pour empêcher les procès de se renouveler.

» La Société Rohlfs, Seyrig et Ce, en vertu de ses brevets pour l'épuration et le clairçage des sucres, à l'aide de machines à force centrifuge, dites turbines, a fait saisir, le 15 mai 1851, quatre turbines entre les mains de M. C. Crespel-Delisse, et l'a assigné en contrefaçon devant le tribunal correctionnel d'Arras.

» Par jugement, en date du 11 juin 1851, ce tribunal a condamné M. Crespel comme contrefacteur; mais ce jugement a été infirmé par un autre jugement du tribunal supérieur de Saint-Omer, du 15 septembre 1851, qui lui-même a été cassé sur le pourvoi de la Société Seyrig, par arrêt du 12 janvier 1852.

» Les parties alors furent renvoyées devant la Cour impériale de Paris (chambre correctionnelle), qui, par arrêt du 25 février 1843, a déclaré les brevets de la Société nuls et déchus, et a renvoyé M. Crespel des fins de la poursuite et prononcé à son profit des dommages-intérêts.

» Mais, en 1855, MM. Rohlfs et Seyrig, qui avaient obtenu de la Cour de Paris (chambre civile) le rejet par arrêt du 19 férier 1855, de la demande principale en nullité et déchéance dirigée contre leurs brevets par une réunion de vingt contrefacteurs, formèrent devant le tribunal civil une demande en dommages-intérêts contre Crespel, qui avait fabriqué à nouveau des turbines, et contre MM. Leyvratz et Ce, qui exploitaient les turbines fournies par M. Crespel.

» Le 19 juillet 1855, le tribunal civil d'Arras rend un jugement par lequel il rejette la demande de Rohlfs et Seyrig, par le motif qu'il y a chose jugée par l'arrêt de la Cour de Paris (chambre correctionnelle), du 25 février 1853.

point important, que les principes que la loi n'indique pas assez clairement, sont peu à peu introduits, par la jurisprudence, dans le sens des vérités que la loi devrait consacrer.

Dans le procès Rohlfs-Seyrig, qu'a-t-elle consacré?

Que le **premier qui fait réellement jouir la société d'un progrès matériel, doit être considéré comme le véritable inventeur.**

Pour que cette grande vérité entrât dans les règles de la jurisprudence, il a fallu sept années de procédure;

Trois jugements;
Quatre arrêts des Cours impériales;

» Appel. — La Cour de Douai confirme (émendant seulement en ce qui concerne » Leyvratz et Ce).

» Pourvoi en cassation : cassation de l'arrêt de la Cour de Douai. L'arrêt de la Cour » de cassation du 29 avril 1857 est fondé sur ce motif, que l'arrêt de la Cour de Paris » (chambre correctionnelle) ne pouvait avoir l'autorité de la chose jugée relativement » à la demande formée devant le tribunal civil d'Arras, attendu qu'un tribunal cor- » rectionnel, saisi d'une action pour délit de contrefaçon, en statuant sur les excep- » tions que le prévenu tire soit de la nullité ou de la déchéance du brevet, soit des » questions relatives à la propriété dudit brevet, ne fait qu'apprécier, au point de » vue de la prévention, un moyen de défense qui est opposé à l'action correctionnelle; » que, par conséquent, la décision qu'il rend sur ce moyen de défense ne s'étend » pas au delà du fait incriminé.

» Enfin, sur le renvoi devant la Cour de Paris, arrêt du 4 janvier 1858, qui con- » damne Crespel-Delisse, Leyvratz et Ce, notamment à 25,000 fr. de dommages-in- » térêts au profit du breveté. Ainsi :

» Durée du procès, plus de sept années;

» 9 décisions, savoir :

» 3 jugements, 4 arrêts de Cours impériales;

» 2 arrêts de la Cour de cassation;

» 1 jugement favorable au breveté, 2 contraires;

» 2 arrêts de la Cour impériale de Paris, favorables au breveté;

» 1 arrêt de la même Cour (chambre correctionnelle), et 1 de la Cour de Douai, » contraires;

» Affaire Villard, breveté pour des appareils de distillation;

» 24 contestations judiciaires en cinq ans, de 1853 à 1858. »

Deux arrêts de la Cour de cassation ;

Un jugement favorable au breveté ;

Deux jugements contraires ;

Deux arrêts de la Cour impériale de Paris favorables au breveté ;

Un arrêt de la même Cour de Douai (tous deux contraires au breveté).

Si ce principe, qui est de droit commun dans d'autres pays, avait été consacré dans nos lois, comme nous le demandons, un seul arrêt eût suffi.

Ces nombreux procès ont donc eu leur utilité, puisque leur issue a amené une conquête des plus importantes. Déplorons seulement que ces conquêtes aient été à faire et, surtout, qu'elles n'aient été obtenues qu'aux dépens des justiciables.

Qu'a démontré le procès Sax ?

Que **l'explication fournie par un dessin**, à défaut d'un texte suffisant, **est valable, si ce dessin peut, à lui seul, suffire pour l'intelligence** et la **reproduction des objets brevetés.**

Voilà donc deux principes des plus naturels, qui sont acquis à d'autres législations et qu'il nous a fallu conquérir par des procès. Nous voilà réduits à édifier notre droit sur la ruine des particuliers.

La consolidation partielle de ces brevets eût-elle fait que le principe fût écrit dans notre loi ? Non, il faudra consolider, l'un après l'autre, tous les brevets qui sont dans le même cas, tandis que le principe conquis par ces procès, introduit clairement dans la loi, les consoliderait tous du même coup !.... Une seule instance suffirait alors pour établir la position de chaque breveté vis-à-vis des tiers, et de la société envers les contrefacteurs.

En s'occupant de consolidation, on oublie que le côté faible de nos brevets ne réside pas dans le titre matériel, mais dans le côté moral de notre institution. En Angleterre, il n'y a pas de consolidation, il n'y a que de simples descriptions, et cependant les brevets y sont respectés ! C'est qu'en Angleterre la pénalité est terrible. Ce n'est point une amende, ce n'est point une incarcération de quelques jours ; c'est la ruine complète que trouve le contrefacteur.

C'est donc un examen de conscience, antérieur au délit, qu'il faut provoquer. Y aurait-il des malfaiteurs sans l'espoir d'échapper au châtiment ?

Dans les quatre cinquièmes des cas, la contrefaçon est préméditée ; elle est provoquée ou soutenue par des tiers ; elle est, très-souvent, le fait des employés de l'inventeur qui sont soudoyés par des influences du dehors ou animés eux-mêmes de mauvais sentiments.

Quand elle a été fortuite, la contrefaçon tourne très-vite en spéculation. Le breveté a beau prévenir, on se joue de ses avertissements. On sait que les pénalités sont inférieures aux profits, et on passe outre.

N'oublions pas que pour arriver à de bons résultats, il faut obtenir deux progrès essentiels :

La circonspection des preneurs de brevet ;
Le respect des tiers envers la propriété du breveté.

La circonspection du demandeur de brevet, le sérieux de sa description, dépendent du point de départ, des soins qu'il a apportés à se renseigner, des travaux préparatoires qu'il a exécutés, de l'hésitation qu'il a mise à prendre son brevet, de la somme d'argent qu'il n'a pas dû risquer légèrement.

Le respect du brevet par les tiers dépend de la sévérité des tribunaux. Qu'on ruine les contrefacteurs, comme cela se fait en Angleterre, et l'on verra plus de moralité ou, au moins, plus de réserve de la part des forbans de l'industrie ; c'est là, seulement, ce qui peut constituer la véritable consolidation des brevets.

Si la répression n'est pas de nature à faire hésiter devant la tentative de contrefaçon, la consolidation n'aura servi à rien. Un changement dans la forme ou dans le nom, et voilà le procès roulant sur l'identité.

Un examen anticipé, provoqué par un paiement plus élevé et une répression plus énergique, sont donc les moyens qu'il faut utiliser si l'on veut diminuer le nombre des procès.

DE L'IMPUISSANCE DE LA CONSOLIDATION.

Nous venons de dire qu'un changement de forme ou un changement de nom suffiront pour faire rouler les procès sur l'identité, et, en effet, l'identité doit être l'écueil de la consolidation.

A.... fait des copeaux de bois de teinture ; il prend un brevet, et le brevet se consolide. B... survient qui fait de la poussière de bois de teinture. Il ne tranche pas le bois parallèlement aux fibres ; il déchire transversalement et ouvre toutes les alvéoles..... Déciderez-vous, sans procès, qu'il y a identité ? Le second ne prétendra-t-il pas être tout autre, et que la distance est plus grande entre lui et son devancier qu'elle ne l'était entre son devancier et les précédents. Le premier dira : « Je divise et vous divisez, etc. » Bref, vous ne pourrez pas vous prononcer sans un nouveau débat contradictoire ! Voilà donc la consolidation détruite ! Voilà le procès et ses conséquences, ses lenteurs, ses appels, etc. Mais pendant que A... et B... plaident ou après qu'ils ont plaidé, peu importe, arrive C... qui soumet le bois au marteau-pilon. Il ne se borne pas, par conséquent, à une division simple, il comprime, il exprime mécaniquement l'essence du bois. Déciderez-vous sans procès qu'il y a identité, et ce dernier ne prétendra-t-il pas qu'il considère la division comme un accessoire sans efficacité ; que, seule, l'expression mécanique par compression est efficace ? Que direz-vous ? — Prononcerez-vous sans une nouvelle instruction spéciale, sans décision judiciaire ? Si vous admettez, parce qu'il y a dissemblance dans les moyens, que B... et C... sont en droit d'exister concomitamment, ne décidez-vous pas la ruine du premier inventeur, de l'homme de génie qui a crée le principe ?.. Si par cela seul qu'il y a division, vous entravez les survenants, ne craindrez-vous pas de retarder le progrès ? Vous voudrez des explications contradictoires, et, après avoir consolidé, c'est vous qui, par esprit de justice, ouvrirez la brèche. Laissez libres tous les développements de l'intelligence, mais punissez les infractions avec une sévérité d'autant plus grande qu'il s'agit d'une propriété morale qui émane de vous et qui tournera plus tard à votre profit ; faites par cette sévérité même, qu'il y ait intérêt réel à examiner avant de commencer ; facilitez cet examen par la publication des brevets et vous éviterez les procès ; mettez la crainte en jeu au moment opportun et vous réussirez, car nul n'est plus compétent que l'imitateur. Il n'a pas l'égarement d'un moment pour excuse ; son acte est lent et réfléchi ; il sait, mieux que personne, que c'est l'idée de son voisin qui a éveillé la sienne, et il traitera avec son devancier au lieu de chercher à le voler.

Autre hypothèse :

R... prend un brevet pour obtenir des feuilles de placage, sans le secours de la scie. Il place un madrier sur un bâtis solide et, avec une lame conduite avec assez de précision et de puissance, il tranche le bois. Le copeau représente la feuille de placage. Le brevet se consolide.

S... survient et prend un brevet pour un placage sans fin, obtenu également sans le secours de la scie, mais avec l'instrument qu'on nomme un *tour*, et non avec le *chariot*. Le premier avait des feuilles limitées à la dimension d'un des côtés de la bille de bois; le second produit des feuilles indéfinies! Prononcerez-vous sans procès? Non, personne ne l'osera...

Il y aura des demandes d'ajournement, des remises, c'est-à-dire tous les délais et toutes les dépenses que nous subissons aujourd'hui, et la majesté des décisions n'y aura rien gagné.

Aucune action en contrefaçon à intenter par le breveté ne sera supprimée, la validation ne dispensant pas de poursuivre les contrefacteurs.

La prétention de rendre un brevet inattaquable, nous paraît une chimère. Pour parer à toutes les attaques à venir, il faut savoir à l'avance quelles seront les armes dont on fera usage pour cette attaque, et tel qui derrière un mur se sera garanti des projectiles horizontaux, sera parfaitement vulnérable aux projectiles verticaux.

Tout le talent de l'agresseur consistera donc à étudier la partie faible de la place.

Ce côté faible sera d'autant plus facile à reconnaître que la consolidation elle-même sera, dans beaucoup de cas, trèsindécise, nous dirons même très-compromettante ; car il n'y aura pas seulement, dans les décisions, des cas tranchés, il y aura aussi des degrés, des nuances, et c'est à l'aide de ces appréciations que la brèche sera ouverte.

La consolidation sera donc impuissante à valider complétement, et le but sera loin d'être atteint.

Ne savons-nous pas d'ailleurs que le véritable droit est imprescriptible; qu'une des plus grandes gloires de la magistrature française est la poursuite incessante de la vérité; qu'elle y applique toutes les formes jusqu'à ce qu'elle l'ait atteinte ; et que, par la jurisprudence, comme nous l'avons déjà dit, elle rectifie ce que le texte de la loi renferme de trop absolu?

Non, vous ne consoliderez pas, parce que consolider veut dire, dans votre langage, *rendre inattaquable;* que les œuvres de l'intelligence sont trop variées, trop indécises dans leurs limites pour n'être pas, au contraire, plus attaquables qu'aucune autre.

Il faut leur laisser leur caractère propre, et c'est précisément parce qu'elles présentent plus de prise, qu'il faut être aussi radical que possible dans la protection et l'appui que leur doit la société.

Dans cette voie-là, il n'y a pas d'exagération à redouter; aucun doute, aucune équivoque, aucun abus ne sont possibles; la protection de la société, quelque large q'uelle soit, n'augmentera pas le droit du protégé ; elle ne peut, en définitive, aboutir qu'au respect de ce droit. Or, jamais le respect de la loi ne peut être trop grand, et, si ce n'était pas par intérêt pour le titulaire, ce serait pour la dignité propre de la loi elle-même qu'on devrait le faire.

DE L'INOPPORTUNITÉ DU MOMENT DE LA CONSOLIDATION.

De deux choses l'une : ou la validation aura lieu avant la mise en exploitation, ou elle aura lieu après.

Le projet de loi propose d'appliquer la validation deux ans après la mise en exploitation.

Deux ans après la mise en exploitation, laquelle n'a lieu, généralement, qu'après de ıx ou trois ans de travail, de mise en œuvre, on reporte la consolidation à cinq années de la prise du brevet ; plus, un an ou deux pour remplir les formalités de la consolidation. Nous voilà arrivés à sept années ; sept années pendant lesquelles les brevetés manqueront du bouclier qui doit les abriter ! Mais, pendant ces cinq ou sept années, qui les garantira donc contre les procès ?

Voilà un titre qui devient incomplet pendant la moitié de sa durée et qui est livré, pendant ce temps, comme par le passé, à toutes les attaques de déchéance (1). C'est là déjà une lacune fort regrettable.

Mais ce qui est plus regrettable encore, c'est l'influence fâcheuse qu'aurait inévitablement la promulgation de la mesure ; car promettre la validation après deux ans d'exploitation, c'est valider après succès.

Or, promettre la validation après le succès, c'est offrir un appât que très-peu d'inventeurs seront à même d'atteindre; car les brevetés ne trouvant des capitaux pour la mise en valeur de leur invention, que lorsqu'il y a certitude de sécurité,

---

(1) Après quoi il sera affranchi de ces attaques seulement pour une fraction de la durée de sa jouissance. Pour être conséquent, le projet de loi aurait dû dire que pour les brevets validés, la durée commencerait à partir de la date de l'acte de validité.

et la sécurité, procurée par la validation, ne pouvant arriver qu'après l'exécution qui exige les capitaux, on tourne dans un cercle vicieux : les deux conditions s'excluent, et la validité devient une chimère pour l'inventeur nécessiteux ; bien plus, c'est pour lui une cause d'entrave.

Si la validation se pratique avant, loin d'avoir obtenu un brevet à bon marché, l'inventeur se trouve obligé à une dépense nouvelle et considérable.

Si elle s'obtient après exécution, c'est une superfétation.

Ainsi : après exécution, impossibilité de débuter ! La validation pose un dilemme qui aboutit à une négation.

Avant exécution, dépense immense, brevet très-lourd, beaucoup de temps perdu pour un résultat encore ignoré, pour un succès hypothétique.

LES TIERS ET LA CONSOLIDATION.

Tout ce qui précède n'a trait qu'à l'inventeur et, jusqu'ici, nous n'avons considéré que lui ; mais, vis-à-vis de l'industrie, quelle sera l'influence de cette mesure? Que devra faire un manufacturier à l'annonce d'une demande de validation pour un produit qui, sans embrasser son industrie tout entière, empiète cependant sur son domaine ?

Doit-il fermer les yeux et laisser faire? Doit-il courir le risque que cet empiètement que l'on fait sur lui, on ne le lui oppose un jour, en lui interdisant la pratique d'une partie de sa propre industrie, s'il n'établit pas ses droits en temps utile ? Évidemment non ; la prudence veut qu'il intervienne.

Comment, voilà le pays tenu en éveil par quelques cerveaux dérangés ou ignorants qui, pour ne pas s'être suffisamment enquis en temps opportun, se trouvent intéressés à se jeter dans les hasards de la confirmation; voilà un nombre considérable d'industriels sérieux, arrachés à leurs affaires, obligés de constituer, auprès du tribunal de ce prétentieux, un mandataire capable, intelligent; les voilà forcés d'initier ce mandataire aux nuances de leur industrie, aux différences de leur mode de travail, etc.; et cela sans terme et sans fin!

Cela ne se peut pas; notre législation ne peut pas s'édifier sur des moyens aussi défectueux, et la tranquillité d'un seul ne doit pas troubler la sécurité de la société tout entière.

En outre, la confirmation est une porte ouverte à tous les abus; chacun est préoccupé du rôle que le savoir-faire, le compérage, le semblant d'opposition, peuvent jouer dans ces sortes d'opérations.

La confirmation ne serait pas seulement un organe inutile, ce serait un organe dangereux; ce serait introduire la complication dans un rouage qui doit rester simple pour être efficace.

Sans aller aussi loin que le nouveau projet de loi, le législateur anglais de 1851, en révisant la loi de Jacques Ier, a introduit une innovation tendant à une sorte de protestation anticipée, d'opposition, si la demande d'un brevet contenait un point qui pût empiéter sur des propriétés ou des droits existants.

D'après cette disposition, toutes les demandes doivent être publiées, pendant vingt et un jours, dans la *Gazette de Londres*, et pendant ces vingt et un jours tous les intéressés ont le droit de mettre opposition à la délivrance du brevet demandé.

Les vingt et un jours écoulés, cette sorte d'enquête *de commodo* est terminée, et s'il n'y a pas d'opposition, le brevet est délivré : c'est l'examen au profit des ayants droit.

Ce rouage compliqué, qui contraste si étrangement avec les mesures larges et simples de cette législation, fut mis en pratique pendant les premiers temps de la promulgation de la loi, mais sa nullité absolue le fit bientôt tomber en désuétude, et aujourd'hui des trois points nouveaux introduits dans la loi anglaise en 1851, il ne reste plus que le mode de taxation et l'admirable organisation de la publication des brevets par livraison isolée. La complication persiste dans le texte, mais l'usage l'a fait disparaître de la pratique.

DE L'EFFICACITÉ DE LA LOI SANS CONSOLIDATION.

Il n'est nullement besoin de la consolidation pour arriver à une bonne loi sur les brevets d'invention; au contraire, si nous voulons fonder une loi durable, nous devrons sortir des mesures d'exception pour nous placer, une bonne fois, sur le terrain du droit commun ; bannissons surtout de nos textes ces dispositions ambiguës qui se définissent avec difficulté.

On a d'abord appelé la formalité de la consolidation : *validation*, demande en *validité;* puis, reconnaissant dans cette définition une sorte de condamnation directe de tous les brevets non validés, on a eu recours à une autre dénomination, et l'on a alors adopté pour le nouveau projet le mot de *confirmation.*

Cette fois on a été beaucoup plus dans le vrai ; effectivement, c'est bien le brevet à deux degrés : le brevet en instance et le brevet complet.

Le brevet primitif est nul et n'existe pas tant qu'il n'est pas confirmé ; ce n'est qu'un titre provisoire, et il ne deviendra définitif qu'après *confirmation.* C'est tout simplement le remplacement des brevets à taxe fixe par le brevet à taxe illimitée ;

c'est le brevet administratif remplacé par le brevet judiciaire, le brevet simple et purement industriel remplacé par le brevet compliqué, conquis à la pointe de la discussion; en un mot, c'est le procès obligatoire, et de plus un résultat tout à fait contraire aux intérêts des brevetés.

Pour inspirer le respect des droits acquis, soyons, comme nous l'avons déjà dit, rigoureux dans la répression. Une demande de brevet peut se faire avec précipitation, avec irréflexion; l'application, jamais. Il faut le concours du temps et de la méditation pour arriver à la production, et là, toutes les investigations peuvent trouver leur place. Celui qui a la prétention d'introduire un progrès dans une industrie, doit ou devra connaître cette industrie. Il faut, dès que la sécurité qu'il attendait de son titre lui permet de s'enquérir sans risque, qu'il examine avec une scrupuleuse attention les droits sur lesquels il est susceptible d'empiéter, et comme la loi lui accorde six mois de délai entre le premier versement de 100 fr. et le deuxième versement de 200 fr., il sera sans excuse s'il a empiété sur des droits antérieurs aux siens.

Pour donner à nos brevets le caractère de maturité qui leur manque, augmentons la première taxe à verser, et nous provoquerons, de la part des impétrants, un examen indispensable qui ne se pratique qu'incomplétement aujourd'hui; et puisque, jusqu'ici, nous avons préféré laisser perdre le plus grand nombre des idées émises plutôt que de leur donner un propriétaire spécial, et que le résultat obtenu a été le discrédit de tous les brevets en général, inaugurons par une élévation raisonnée de la taxe, une ère nouvelle qui pourra nous exposer à la perte de quelques émissions d'idées, mais qui nous conduira, du moins, à des résultats sérieux et, par conséquent, à un nombre plus considérable de brevets réellement exploités.

Sous le régime de l'ancienne taxe anglaise, 9,000 fr. pour un brevet, il n'y a pas d'exemple d'un brevet mauvais.

Aujourd'hui, sans être descendus aussi bas que nous dans la réduction de la taxe, les brevets pris en Angleterre sont déjà loin d'avoir le caractère de réserve et de sagesse qu'ils avaient autrefois, et cependant ils exigent encore 600 fr. pour le premier paiement.

Nous avons proposé 300 francs pour le premier versement; nous maintenons cettte proposition, et nous croyons que, quoique modeste, elle produira déjà une amélioration très-sensible.

Répression énergique et élévation de la taxe sont, à nos yeux, pour cette partie de la loi, des remèdes d'une efficacité éprouvée.

Quant à la confirmation, nous en avons la conviction la plus intime, c'est un élément de trouble dont le moindre défaut sera de porter le prix du brevet à un taux exorbitant, qui privera le breveté de son titre pendant un temps considérable, sans, pour cela, lui éviter aucun procès contre les contrefacteurs.

CHAPITRE V.

Nouveauté universelle.

C'est avec un sentiment de regret d'autant plus profond que nous retrouvons à l'art. 2 du nouveau projet de loi le maintien du principe de la nouveauté universelle, que les motifs de 1844 n'existant pas en 1858, il implique, de la part des auteurs du projet, l'oubli le plus complet du but de cette importante loi.

Nouveauté absolue et brevet ne se heurtent pas, parce qu'ils doivent quelquefois se trouver réunis, mais leur réunion n'est point une condition indispensable. Nous l'avons déjà dit, il ne peut pas y avoir de jouissance nouvelle procurée à la société sans qu'il y ait eu des difficultés à vaincre ; mais n'y en eût-il pas ; n'y eût-il eu en cause que la sécurité due par la *société* à toute tentative nouvelle, exigeant l'enjeu d'un capital et d'une partie de l'existence de celui qui s'y voue, qu'il serait du devoir de la *société*, n'importe par quel moyen, d'assurer à l'initiateur une protection équitablement rémunératrice.

C'est se rendre l'écho d'une bien funeste erreur, que de répéter que l'introduction en France d'une industrie étrangère, est *le prix de la course*. Si l'on pouvait charger une manufacture, matériel et personnel, sur un haquet et la déposer sur le sol français avec tous les secrets résultant d'une longue pratique, il y aurait un semblant de justification à une telle maxime, et encore aurait-on eu toujours à courir le risque des besoins ou des convenances du pays, et cela seul devrait suffire pour qu'on indemnisât celui qui apporte un progrès au péril de ce risque.

Maintenir le principe de la nouveauté universelle, c'est faire, sans réciprocité, la fortune des premiers inventeurs étrangers au détriment du travail national.

Interpréter la nouveauté industrielle dans son sens descriptif, abstrait, et non dans un sens purement substantiel, c'est ajourner indéfiniment le progrès.

Pour nous donc, tant que la société n'a pas été saisie matériellement d'une amélioration, c'est qu'il reste des difficultés à résoudre; cette amélioration doit être susceptible de sécurité dans son début, et, par conséquent, relève du seul titre consacré à ce genre de sécurité. S'il en était autrement, tous ceux qui écrivent sur l'industrie deviendraient, sans le vouloir, les ennemis de notre industrie manufacturière, les antagonistes des progrès matériels.

Donnons un exemple :

Le déchargement des bateaux de sable, de pierres, de moellons, de bois à brûler, etc., s'effectue d'une manière lente et dispendieuse qui augmente sensiblement le prix des matériaux. On opère à bras d'hommes un premier déchargement à quai, puis on reprend du quai pour charger les voitures; on opère ainsi deux manutentions exigeant, toutes deux, le soulèvement, par mains d'hommes, de tout le chargement du bateau, à une hauteur moyenne de trois ou quatre mètres.

Or, l'on arriverait à simplifier de beaucoup cette double opération et à réduire notablement les frais de main-d'œuvre, si l'on établissait une sorte de toue ou bateau en fer, muni d'un plan incliné, permettant aux voitures attelées de venir se ranger dans l'intérieur de ce bateau, le long du bord du bateau en déchargement. Le bateau-port dans lequel devraient descendre les voitures, pourrait, au besoin, avoir un double compartiment permettant de l'immerger, de telle façon que les ridelles des voitures à charger se trouvassent au niveau du bord du bateau en décharge. Il résulterait naturellement de cette organisation la possibilité de charger directement du bateau dans les voitures, sans fatigue et sans la double main-d'œuvre de la mise à quai.

Il y aurait donc là, pour tous les matériaux, et surtout pour les matériaux de peu de valeur, un avantage très-sensible et qui pourrait donner naissance à une exploitation particulière.

Mais que doit-il résulter de la communication publique que nous faisons actuellement ?...

Que, par notre publicité même, nous rendons l'application impossible.

Les charroyeurs, dussent-ils bénéficier de toute l'économie réalisée par l'absence de la double manutention, ne sont pas en mesure de faire une semblable dépense. Un négociant quelconque en sable, moellons ou autres matériaux du même genre, n'étant pas en état d'utiliser à lui seul, d'une manière permanente, un semblable engin, ne l'entreprendra pas non plus. Pour qu'un progrès de cette nature pût se réaliser, il faudrait qu'un spéculateur l'entreprît, comptant sur l'usage exclusif pendant un temps rémunérateur. Mais aujourd'hui, après les vingt lignes que nous venons de tracer, l'opération n'est plus possible sans que l'entrepreneur soit exposé, en cas de succès, à voir des survenants lui enlever sa clientèle, en offrant un bateau-port de quelques centimètres plus large, etc. (1).

Nous ne voulons pas multiplier les exemples, mais nous pouvons affirmer que la nouveauté absolue en matière de brevet industriel, tel que l'entend le projet de loi, est une fausse voie; que c'est, comme nous ne cesserons de le répéter, *la jouissance nouvelle* procurée à la société qui doit faire l'objet du brevet, et non *l'idée abstraite* seule, de quelque façon qu'elle ait été décrite. Nous dirons à cet égard comme on l'a dit au Congrès de Bruxelles : « La science écrite doit être considérée comme œuvre littéraire. »

La nouveauté universelle tue à distance; le domaine public tue sur place. Ce sont les absents et les morts qui servent à détruire les vivants. Ce ne sont pas le progrès, la vie, le tra-

---

(1) Nous avons, il y a quelques mois, visité une très-importante filature de lin, et nous avons été péniblement impressionné par l'atmosphère saturée de poussière dans laquelle toute une classe de la population ouvrière se trouve condamnée à vivre.

On répondit à l'observation que nous en fîmes, qu'on n'avait d'autre remède à ce mal général que l'ouverture des fenêtres en toutes saisons.

Frappé des conséquences d'un tel état de chose, nous cherchâmes et reconnûmes qu'avec la réunion de deux principes de physique, il était possible d'y apporter un remède efficace. Ainsi :

Une dépression opérée dans une ouverture en mince paroi fait concourir à l'écoulement par cette paroi, toutes les molécules avoisinantes dans un certain rayon; aussi bien les molécules placées contre ces parois, que celles qui, dans toutes les directions, en sont quelque peu distantes.

Au contraire, un jet d'air sortant avec une certaine vitesse d'un ajutage à gueule bée produit un courant possédant une direction déterminée.

Semblables en cela aux phénomènes de la respiration, dont l'expiration imprime aux gaz, en les rejetant au loin, une direction parfaitement marquée, tandis que l'inspiration appelle en tous sens l'air de l'atmosphère avoisinante.

Or, placer un aspirateur auprès d'une machine qui émet de la poussière serait tout à fait insuffisant, l'aspirateur puisant dans tous les sens aussi bien l'air pur que l'air chargé de poussière; mais si, à l'autre extrémité de l'ouverture par laquelle la poussière s'échappe de la machine, on plaçait un jet d'air comprimé disposé en nappe, de manière à former un rideau d'air allant s'engouffrer dans l'ouverture aspiratrice, on établirait une séparation aériforme entre l'espace où se provail, qui vont s'alimenter à ces deux sources, ce sont les plagiaires, les frelons de l'industrie. C'est quand, à la suite de procès, ils sont à bout d'expédients, qu'ils en appellent tardivement à ces arguments *in extremis*, qu'ils n'eussent souvent pas découverts sans le retentissement de leur propre discussion.

La nouveauté universelle est une mesure tellement vicieuse au point de vue du progrès, tellement en opposition avec l'esprit et les besoins de notre époque, que nous avons de la peine à nous familiariser avec la réalité de son existence.

Pour tout ce qui n'est pas industrie, nous récompensons ceux qui nous apportent du dehors et qui implantent chez nous tout ce qui peut être utile ou agréable à l'homme.

Nous payons pour qu'on aille chercher à l'étranger des

---

duisent la poussière et l'atmosphère de la chambre des travailleurs; en même temps la poussière engendrée par la machine disparaîtrait, entraînée et jetée au dehors par le courant déterminé par le double effet de l'aspirateur et de l'insufflateur.

Maintenant que, sous forme de digression, nous venons de décrire une invention utile d'une manière suffisante (*) pour être exécutée par des hommes compétents, que va-t-il résulter de cette sorte de description ? Tout simplement que nous venons de faire un acte contraire à l'hygiène des industries linières et contraire aux hommes actifs qui auraient pu, sous la protection d'un brevet, se consacrer à la réalisation d'un bienfait très-désirable pour une partie très-nombreuse de notre population ouvrière; car si, de l'initiative prise par un homme intelligent pour rendre ce service, il résultait un bénéfice publiquement connu, la foule des imitateurs, en s'abattant sur son industrie, lui prouverait que l'invention était décrite ici et qu'il ne peut avoir aucun droit privatif.

Et pourtant, entre la description que nous donnons, quelque complète qu'elle puisse être, et la réalisation du procédé; entre la description théorique générale des voies et moyens et le résultat pratique, combien de degrés encore, combien de déboires, de tâtonnements pour arriver aux proportions des canaux, des angles, des coudes, pour l'étude des places, de l'agencement, de l'appropriation aux machines, etc. ! Toutes difficultés matérielles, toutes difficultés de simple exécution, non susceptibles d'être brevetées, qui constitueraient en perte le premier applicateur, et que les imitateurs reproduiraient sans dépenses.

Admettre que l'application, ce côté sérieux du service rendu à la société, ne pourra plus trouver chez nous son dédommagement par cela seul que nous venons d'indiquer qu'il serait possible de rendre ce service, ce ne serait ni raisonnable ni politique.

(*) Si elle ne l'est pas complétement, on peut supposer que, ne craignant pas d'abuser du temps du lecteur, nous nous soyons étendu de manière à la rendre complète.

merveilles artistiques; nous fondons des sociétés d'acclimatation ; nous encourageons et nous récompensons ceux qui introduisent chez nous, pour les multiplier ensuite, les produits naturels des autres pays, et dès qu'il s'agit d'un progrès industriel, notre sollicitude se transforme en une sorte de châtiment. En vain élèverez-vous la voix pour protester de votre innocence de tout crime d'importation ; en vain affirmerez-vous que vous êtes réellement l'auteur de votre œuvre, qu'il n'y a rien de surprenant à ce que, sur huit à neuf cents millions d'hommes qui couvrent le globe, il se trouve deux individus qui aient la même idée : peine perdue ! Le fait existe, vous avez pu l'aller chercher, vous serez dépossédé, la loi l'ordonne...

Pour prétendre que l'industrie vient seule, que l'introduction d'un progrès est l'équivalent d'une *course*, il faut être complétement étranger à l'industrie.

Mais, à ce compte, la science elle-même serait sans plus de valeur dans un pays où elle est offerte pour rien ; car l'homme qui va dans nos bibliothèques puiser le sujet d'un ouvrage, ne crée rien, il ne fait que rassembler et coordonner. *Il n'aurait donc droit, lui aussi, qu'au prix d'une course.*

Comment ! ce qui exige, pour s'édifier, une partie de l'existence n'aura droit à aucun respect, à aucune protection, s'il n'y a pas nouveauté abstraite ?.....

Qu'a donc créé de nouveau l'homme éminent sur lequel, en ce moment, l'univers a les yeux fixés ; ce modèle de persévérance à qui, dans un court délai, nous serons redevables du chemin vicinal de la Chine ?

Ce progrès, en effet, n'est-il pas la reproduction d'un bienfait qui a déjà existé ? Et pourtant, quoiqu'il n'y ait pas nouveauté, toutes les sociétés que ce chemin intéresse n'ont-elles pas su trouver la forme de brevet qui peut lui assurer la récompense de son mérite? Qui donc osera le lui disputer? Eh bien, si sa persévérance s'était consacrée à une œuvre industrielle relevant des brevets, tout le monde lui courrait sus, et, au jour du succès, au moment de toucher au port, il serait dépossédé : son œuvre n'est pas nouvelle!...

En vain certifierait-il qu'il a conçu le projet à nouveau; en vain objecterait-il que sa conception n'est pas une pensée molle, indécise, incertaine, mais une de ces pensées nerveuses, énergiques qui s'imposent et se réalisent; mais une pensée de conviction et de foi qui veut et qui agit. Néant! La loi d'une main, l'antériorité de l'autre, il serait impitoyablement dépossédé.

Honorons le mérite de la pensée écrite, mais n'enlevons pas le mérite de la pensée agissante; qu'on distribue des couronnes aux penseurs, mais que celui qui procure la jouissance réelle, recueille aussi la juste récompense du service qu'il rend; et si, dans notre société, tout le mérite intellectuel doit remonter à l'inventeur primitif, appelons importateurs, appelons applicateurs, ceux qui nous enrichissent; mettons à chacun l'étiquette qui correspond à son mérite, mais ne laissons aucun progrès sans récompense, aucun effort sans encouragement, aucun travail sans salaire.....

S'il y a deux genres de mérites, qu'il y ait deux genres de récompenses; mais que jamais l'un des deux ne vienne étouffer l'autre, comme le propose le nouveau projet de loi.

Dans la pensée des auteurs d'une telle doctrine, dès qu'il y a eu *description antérieure suffisante*, il n'y a plus invention, il n'y a même plus de mérite pour l'exécuteur ; il y a deux personnalités bien tranchées : l'une qui a fait le travail de l'architecte ; l'autre qui se trouve réduite au rôle d'entrepreneur.

Cette appréciation n'est ni exacte ni juste : il y a dans toute œuvre le côté moral et le côté matériel. L'architecte présent couvre l'entrepreneur de sa responsabilité, c'est vrai. L'entrepreneur n'examine pas; il travaille en aveugle, servilement. Mais avec l'œuvre posthume, les rôles changent complétement, et l'entrepreneur devient architecte lui-même ; il faut qu'il apprécie, qu'il assume à son tour une responsabilité qui exige les connaissances de l'auteur du projet; et comme les œuvres abandonnées sont toujours supposées vicieuses, il y a, au contraire, un mérite d'autant plus réel à leur exhumation, qu'à leur égard il faut être doué d'une bien réelle conviction.

Le principe de la nouveauté universelle et de tous les siècles n'est pas seulement un contre-sens industriel, une erreur économique, c'est encore une cause de conflit et de contradiction judiciaires.

Ainsi, s'il fallait en croire certains bruits, le fameux procès Rolfs, Syerig et Ce ne serait pas encore terminé, et l'on aurait l'espoir de trouver en Amérique des choses présentant un tel caractère d'analogie, que l'antériorité étrangère ferait déchoir de leur privilége les auteurs actuellement en possession.

Qu'est-ce que tout cela prouve ? Que l'antériorité étrangère est une mesure paralysante qui n'a d'autre mérite que de fournir des armes aux parasites pour tuer les travailleurs.

Cela prouve que l'importation n'est pas *le prix de la*

course, car personne n'avait fait cette course, que le plagiaire tardivement intéressé ;

Que l'industrie ne vient pas seule ; que ceux qui en jouissent en d'autres pays ne l'apportent pas ;

Que la nouveauté universelle est une mesure antinationale, antiprogressive ;

Enfin, que le projet de loi allait introduire dans son texte deux erreurs à la fois : *la nouveauté universelle* et *la consolidation ;*

L'une qui arrête le travail ;

L'autre qui eût mis en évidence, à la fois, et les fâcheuses conséquences de la première, et sa propre inefficacité.

En effet, supposons la validation de ce brevet accomplie, et des antériorités étrangères se produisant tardivement ; qu'adviendra-t-il ?

Le jugement de validation se déjugera-t-il ? Ou bien, est-ce l'antériorité étrangère qui aura le tort de se produire trop tard ?

Si c'est la validation qui l'emporte, ainsi que cela devrait être, que devient la loi à l'égard de la nouveauté universelle ?

Si c'est l'antériorité, que devient l'acte de validation ?

Dans tous les cas, voilà une loi qui serait en contradiction avec elle-même.

Supposons un moment que, la validation étant consommée, les preuves d'antériorité ne soient plus admises, et que, pour éviter à la loi de se mettre en contradiction avec elle-même, on considère le jugement de validation comme devant être sans appel..... devant les tribunaux. Voilà donc un cas où un seul jugement, porté en France, sur le mérite d'un brevet, annulera les effets de la nouveauté étrangère. Ce jugement dira aux prétendants : « Vous n'êtes pas sérieux ; vous ignoriez cette existence à l'époque de la consolidation ; retirez-vous ; il fallait vous produire en temps utile ! »

Or, admettons que les bruits auxquels nous faisions allusion tout à l'heure se réalisent, ne fût-ce même que pour donner raison à ce vieil adage : « Rien de nouveau sous le soleil ! » la même question va se produire devant les tribunaux ; que vont-ils répondre ?... Littéralement l'opposé.

Attendu que la loi du 5 juillet 1844 dispose : « Article 30.
» Seront nuls et de nul effet les brevets délivrés dans les cas
» suivants :

» 1° Si la découverte, invention ou application n'est pas
» nouvelle. »

. . . .

Et plus loin : « Article 31. Ne sera pas réputée nouvelle
» toute découverte, invention ou application qui, en France
» ou à l'*étranger*, et antérieurement à la date de dépôt de la
» demande, aura reçu une publicité suffisante pour pouvoir
» être exécutée. »

Attendu qu'il est démontré que, antérieurement à la demande du brevet de Rolfs, Syerig et Cᵉ, de semblables produits existaient en Amérique, déclare MM. Rolfs, Syerig et Cᵉ déchus de leurs brevets.

La même démonstration aura été faite ; le magistrat qui prononcera la sentence aura parfaitement reconnu que l'existence de ces antériorités était ignorée de toutes les parties ; il aura l'entière conviction que le breveté a rendu de grands services, qu'il a enrichi le pays, accompli un progrès réel ; mais la loi, dont il est l'organe, le domine et l'oblige : il doit prononcer la déchéance !

Voilà donc le même fait jugé de deux façons opposées, parce qu'on a changé le nom d'une sentence. Par suite d'un simple changement de nom, une sentence unique, débattue par des adversaires qui n'ont pas encore d'intérêts sérieux, devient plus puissante que sept années de procédure contradictoire, sincèrement et chaudement débattue. Voilà une seule sentence ayant le pouvoir de maîtriser l'esprit et le fond de la loi, tandis que les sept années de procédure ne permettent même pas de profiter de la lumière qu'elles ont fait jaillir, pour juger en équité.

Ces deux mesures sont également vicieuses.

La nouveauté universelle doit disparaître du nouveau projet de loi ;

La consolidation doit bien se garder d'y entrer.

CHAPITRE VI.

Expropriation.

Le projet de loi maintient la proposition d'introduire dans la nouvelle loi le principe de l'expropriation.

L'Exposé des motifs s'exprime ainsi :

TITRE III.

RETRAIT DES BREVETS.

« Le droit exclusif que confère à l'inventeur la délivrance d'un » brevet, la prohibition absolue qui résulte pour tout autre de » mettre en œuvre une idée, un procédé nouveau, ce privilége » dont l'industriel est redevable à la société, doit-il devenir une » cause de dommage grave pour elle?

» Si un grand intérêt réclame l'usage d'une découverte pour » tous et son apport au domaine public, si le breveté rejette » opiniâtrément toute proposition faite au nom de cet intérêt, la » société doit-elle être désarmée et impuissante en présence du » droit qui est son œuvre?

» Nous ne l'avons pas cru.

» On peut présenter trois hypothèses très-graves : une arme » de guerre perfectionnée, qui doit établir une supériorité au » profit de nos armées, ou même seulement les relever d'une » infériorité relative, dans la fabrication des engins pour l'at- » taque ou pour la défense ; — un système de frein, dont l'effi- » cacité reconnue garantirait à l'exploitation des chemins de fer » une sécurité plus complète ; — un procédé mécanique ou chi- » mique qui aurait pour effet de permettre à notre industrie de

» lutter à forces égales avec les industries similaires de l'étran-
» ger, revêtant le caractère d'œuvres d'utilité publique générale,
» et dont le public, la généralité des citoyens, sont autorisés à
» réclamer la mise en possession.

» La loi ne doit pas être impuissante pour faire profiter le
» pays des avantages de pareilles inventions.

» C'est dans cet esprit qu'a été conçu l'article 38 de la loi
» dont le paragraphe 1er pose ainsi le principe nouveau :

» Le gouvernement peut, pour cause d'utilité publique, et
» moyennant une indemnité préalable, retirer le droit exclusif
» d'exploiter un brevet d'invention.

» L'utilité publique sera constatée par un décret rendu en
» conseil d'État, après une instruction dont les formes seront
» déterminées par le règlement d'administration publique à in-
» tervenir pour l'exécution de la loi (art. 38, § 2).

» Le montant de l'indemnité sera déterminé par un jury spé-
» cial, composé de neuf arbitres, dont trois seront choisis par le
» breveté, trois par le ministre du commerce, qui poursuit l'ex-
» propriation, trois par les président et vice-présidents de la
» Cour impériale de Paris (art. 38, § 3).

» La pensée qui a présidé à la composition de cette commis-
» sion arbitrale est empruntée à la loi du 29 mai 1845, qui a sta-
» tué, sur un cas spécial d'expropriation, le rachat des actions de
» jouissance des canaux concédés en 1820 et 1821. »

L'article du projet de loi est ainsi conçu :

TITRE III.

DU RETRAIT DES BREVETS.

» Art. 38. — Le gouvernement peut, pour cause d'utilité pu-
» blique, et moyennant une indemnité préalable, retirer le droit
» exclusif d'exploiter un brevet d'invention.

» L'utilité publique est déclarée par décret rendu en conseil
» d'État.

» L'indemnité est fixée par un jury spécial, institué par dé-
» cret impérial et composé de neuf membres, dont trois sont dé-
» signés par le ministre du commerce, trois par le breveté et trois

» par le premier président et les présidents de la Cour impériale
» de Paris. »

Le titre, on le voit, caractérise bien la pensée des auteurs du projet : ce n'est pas une *propriété ;* l'invention n'appartient pas à l'inventeur ; c'est *une faculté qu'il tient de la société.* La société veut avoir le droit de *la lui retirer*, comme elle *la lui a accordée.*

Le demandeur a *payé* pour l'obtenir, la société *paiera* pour la reprendre : c'est une affaire tout à fait matérielle. Cette propriété, naguère abstraite, dans laquelle la partie intellectuelle et descriptive avait la plus grande part, puisqu'on lui attribuait tout le mérite ; dans laquelle l'application était considérée comme un accessoire indigne de compter pour quelque chose dans les difficultés à vaincre, est maintenant traitée comme un mètre cube de pierre.

Extension, avenir, probabilité, amélioration, perfectionnement, ramification, tout cela se toisera à la surface ou au volume, et s'appréciera en raison des dépenses faites, s'il peut en être justifié, et de la durée de la jouissance restant à courir.

N'est-ce pas là tomber d'un extrême dans l'autre ! Le breveté, qui est aujourd'hui à la remorque de la société ; le breveté, qui est en ce moment au ban des postulants délaissés, devient, dans cet article du nouveau projet de loi, une puissance tenant tête à l'industrie, aux chemins de fer, à l'État. Il ne demande plus aide et protection pour se produire, il ne travaille plus pour réaliser un profit. Non ! il travaille pour entraver ; il n'existe que pour imposer ses conditions, et si l'on n'y souscrit pas, il se révolte et garde son œuvre !... Et c'est pour se soustraire à cette outrecuidance que la loi veut mettre une arme entre les mains de la société.

Il nous semble, cependant, que, pour être autorisé à tenir un semblable langage, il faudrait qu'un abus quelconque eût été démontré; pour chercher et trouver le remède à un mal, la première, l'indispensable condition est d'abord que ce mal existe.

On s'occupe de validation des brevets, parce qu'il y a un mal réel, un mal bien connu, celui des trop nombreux procès, celui de l'abus des procès, de l'exploitation des procès.

Que le remède proposé soit bon, qu'il soit nul ou qu'il soit pis que le mal, peu importe; le mal existe, il est constaté, il faut le combattre et en triompher : toute proposition est opportune.

Mais pour l'expropriation, peut-on en dire autant? Cherche-t-on un remède à un mal existant?

Avons-nous, dans le passé, quoi que ce soit qui ait été de nature à faire regretter à la société d'avoir accordé un brevet à un inventeur? Les trois quarts de siècle vraiment industriel que nous venons traverser, offrent-ils un seul exemple de résistance de la part d'un breveté? Et pourtant cette portion de siècle a été largement féconde! Des merveilles ont été enfantées en très-grand nombre, et malgré cela, c'est en vain que nous avons fait un examen rétrospectif, c'est en vain que nous avons passé en revue les plus grandes inventions humaines, celles qui ont produit de véritables, d'incontestables révolutions; nous n'avons pas vu qu'il y en eût eu une seule qu'il eût été avantageux d'exproprier; au contraire, elles ont toutes subi la loi naturelle des choses nouvelles, c'est-à-dire la lutte pour conquérir leur place au soleil.

Pour la machine à vapeur elle-même, ce levier de Goliath, qui s'applique à tous les besoins, aurait-on eu avantage à exproprier son auteur? A-t-il pu, étant seul et le premier, faire sentir le poids de son monopole, faire payer à l'industrie des sommes qui en rendissent l'usage impossible? Non : venue au monde lourde, encombrante, la machine à vapeur ne pouvait, à l'origine, servir qu'aux usages fixes, et devait lutter avec les cours d'eau qu'elle devait détrôner; c'est elle qui a attendu les demandes de l'industrie, et les demandes ont été assez lentes, assez faibles, à l'origine, pour qu'au lieu d'exproprier l'inventeur, on dût bien judicieusement allonger, à deux reprises différentes, son privilége exclusif.

Le télégraphe électrique, cet élément d'un service public le mieux caractérisé, s'est-il implanté de façon que, s'il y avait eu brevet, ont dû exproprier l'inventeur? N'a-t-il pas dû, au contraire, lutter de longues années pour remplacer les télégraphes à signaux ou, plus exactement, pour prendre place à côté d'eux?

Le sucre de betterave, cette création toute française, cette œuvre d'utilité générale, a-t-elle trouvé, à son début, un accueil qui aurait pu justifier l'expropriation de son auteur?

Parmentier lui-même, s'il eût été brevetable pour l'introduction de la pomme de terre, eût-il été suffisamment apprécié pour devoir être exproprié?

Descendrons-nous des hautes régions de ces industries générales qui s'adressent à la nation tout entière, pour entrer dans l'exploitation des industries particulières? Nous trouverons exactement la même situation, les mêmes difficultés à l'origine, et, de plus, une échelle restreinte qui place la question dans des conditions d'intérêts privés complétement en dehors de l'intérêt général sous lequel s'abrite la nouvelle proposition.

Passerons-nous aux armes de guerre? Oh! alors nous serons sur un terrain où la nécessité seule sert de règle. Quand le pays est en danger, et qu'une maison nuit à sa défense, a-t-on toujours le temps de s'adresser aux tribunaux pour l'exproprier? On la rase, et, après la guerre, on indemnise le propriétaire.

L'inventeur qui garde secrète une arme dont il n'a fait connaître que les effets, peut dicter ses conditions à l'État; mais quand son œuvre est décrite et que la défense du pays en requiert l'usage, l'État a le devoir de l'employer d'abord, sauf, ensuite, à faire déterminer par les tribunaux compétents le chiffre de l'indemnité à allouer à l'inventeur, comme il ferait déterminer judiciairement le chiffre dû pour la maison détruite.

A nos yeux donc, rien ne justifie l'introduction du principe d'expropriation, dans la loi des brevets d'invention.

Il y entrerait, selon nous, complétement sans motif, et nous ne voulons d'autre preuve de ce que nous avançons, que l'exemple de notre propre passé :

Cinquante-trois mille brevets ont été délivrés en France depuis soixante-neuf ans, et il n'en est aucun qu'il eût été utile d'exproprier.

Lorsqu'on a fait la loi sur l'expropriation immobilière pour cause d'utilité publique, la position était tout autre : il y avait eu des entraves à de grands et utiles travaux; la société avait souffert des résistances individuelles; un abus flagrant était à détruire; mais ici, l'épée de Damoclès qu'on voudrait suspendre sur cette propriété temporaire et chancelante, on la suspendrait gratuitement, en vue d'un mal imaginaire! Non, non, n'amoncelons pas inutilement les motifs d'appréhension.

Bien loin de chercher à maîtriser une résistance absente et impossible, souhaitons qu'il se présente un cas dans lequel la propriété industrielle puisse, relevée de son néant, rivaliser de puissance avec les plus hauts pouvoirs administratifs ; souhaitons enfin, en industrie, la venue d'un nouveau meunier de Sans-Souci.

CHAPITRE VII.

Juridiction.

Nous avons rencontré parmi les personnes compétentes qui ont pris connaissance de nos premières observations sur le projet de loi présenté l'an dernier au Conseil d'Etat, une grande propension vers un changement de juridiction, c'est-à-dire vers l'adoption de la juridiction consulaire.

On se tromperait si l'on supposait que nous considérons la juridiction civile comme supérieure à la juridiction consulaire, en matière d'industrie. Evidemment l'homme compétent, l'homme dont la carrière entière a été consacrée à l'étude des difficultés industrielles, portera sur le fond des questions un jugement plus certain, plus précis que le juge civil, quelque attentif qu'il puisse être, dès qu'on l'oblige à apprendre, à approfondir et à juger en une heure des questions qui lui sont étrangères et qui ont fait l'objet des études de plusieurs générations.

Dans notre esprit, cela ne fait pas question, et la supériorité est évidemment acquise au juge industriel : aussi n'est-ce pas le fond de la proposition, mais les difficultés d'application qui seules nous avaient fait hésiter.

L'intervention sérieuse et principale des hommes spéciaux n'est, dans aucune des branches de la justice, plus nécessaire et mieux indiquée que dans les questions des brevets d'invention.

C'est notre pensée ; seulement nous appelions experts ce que l'on appelle juges consulaires ; car nous aurions voulu les investir de pouvoirs beaucoup étendus, tenant de l'expert et du juré.

Un des motifs qui nous avaient fait incliner vers cette forme est la crainte qu'on ne puisse remplir facilement, partout, les cadres de ces tribunaux consulaires spéciaux, et de se trouver encore, dans certains cas, dans l'obligation de recourir à l'annexion des experts.

Un second motif qui nous faisait considérer l'expertise, telle que nous la désirons comme préférable, c'est que l'élucidation des questions pratiques est moins l'effet d'une plaidoirie et d'un jugement sur siége, que d'une étude matérielle à faire dans le silence du cabinet.

Ces questions s'apprécient et se jugent mal à l'audition : essentiellement matérielles, elles exigent le concours de la vue et du toucher ; elles échappent très-souvent à la description orale et, à capacités égales, l'expert peut entrer infiniment plus avant dans le fond des questions que ne le peut un juge en séance.

Enfin, un dernier motif est celui de l'homogénéité.

La juridiction consulaire ne jugeant qu'en premier ressort, il faut pour les appels s'adresser à la Cour, et faire rentrer le débat industriel dans la juridiction civile. De là la nécessité de recourir aux expertises. Nous trouvions plus simple de les organiser de suite, pour le premier degré, sur les bases où il faudra les établir pour le deuxième degré.

Néanmoins, en présence de l'insuffisance des moyens proposés par l'Exposé des motifs (1), en présence de cette opinion

(1) Voici ce que dit l'Exposé des motifs :

« On a exprimé, et peut-être avec quelque raison, la crainte que l'insuffisance des connaissances techniques n'altérât la justice des décisions que les tribunaux

qu'une commission officielle permanente, composée de quelques membres, serait de nature à suppléer à l'insuffisance des connaissances techniques des tribunaux, c'est-à-dire capable de réunir en son sein et de résumer les connaissances techniques, pratiques et professionnelles de toutes les branches de l'industrie nées et *à naître*, et dont les avis devraient être érigés en décisions souveraines ;

En présence d'une hérésie industrielle aussi exorbitante, nous ne pouvons nous défendre de la crainte de voir notre proposition incomprise, et rendue parfaitement incomplète et insuffisante à l'application.

Aussi, bien que la juridiction consulaire spéciale nous ait paru présenter quelques difficultés d'application, que nous nous sommes d'ailleurs peut-être exagérées, nous rallions-nous à la demande de son introduction dans la nouvelle loi; elle a, au moins, le mérite d'être connue, d'avoir fait ses preuves dans d'autres branches et de ne laisser prise, dans son organisation, à aucune espèce d'interprétation ou d'ambiguïté.

Nous souhaitons en même temps un complément bien précieux, celui de cours d'appel spéciales, c'est-à-dire non sujettes à roulement.

Dans tous les cas, la juridiction actuelle réclame une modification, et le nouveau projet de loi n'en introduit aucune qui soit de nature à présenter la plus légère amélioration.

---

seraient appelés à rendre sur une matière aussi délicate, et qui exige, dans la plupart des procès, des enquêtes et des expertises longues et coûteuses.

» Le comité spécial dont il a déjà été parlé, et qui est appelé à donner son avis au ministre dans les circonstances où ce dernier a une décision à rendre, éclairera aussi de ses lumières les tribunaux qui croiront devoir le consulter, et qui trouveront là, sans frais pour les justiciables, une source de renseignements précieux et d'opinions impartiales (art. 24). »

CHAPITRE VIII.

Conclusion.

Terminons ce travail; il est beaucoup trop long sans doute; mais quand on approfondit un sujet malheureusement trop peu connu, il est difficile de savoir où commencent et où finissent les limites de la partie ignorée et de s'arrêter à temps. On est exposé à trop dire par la crainte de ne pas dire assez, et l'on a souvent dépassé le but alors que l'on redoute encore de ne l'avoir pas atteint.

Résumons-nous donc.

Pour que la nouvelle loi réponde à ce que l'industrie doit attendre d'elle, il faut :

1° Que le brevet repose, quoique pour un temps limité, sur le principe de la propriété ;

2° Que la durée soit suffisante pour que, dans aucun cas, le brevet ne soit une déception;

3° Que la taxe devienne une garantie d'exécution ;

4° Que cette taxe soit assez élevée pour provoquer de la part du demandeur un sérieux examen préalable ;

5° Que le premier versement couvre, à lui seul, les frais de publicité des brevets ;

6° Que les annuités soient converties en périodes d'exploitation;

7° Qu'un retard dans l'acquit de la taxe n'entraîne pas la perte de la propriété ;

8° Que l'inexactitude dans le paiement de la taxe soit punie par une pénalité pécuniaire progressive ;

9° Que si la déchéance devait être être prononcée par suite de l'abandon du titulaire, elle ne puisse avoir lieu que sur requête ;

10° Que tous les brevetés déchus pour retard de paiement puissent rentrer dans leur propriété si les tiers ne s'en sont pas emparés depuis la déchéance ;

11° Que les brevets soient publiés par livraison séparée, afin de faciliter un indispensable examen ;

12° Que la nouveauté soit limitée à la France ;

13° Que la brevetabilité (qu'on nous permette ce néologisme rendu nécessaire) s'applique à tout ce qui n'a pas encore été pratiqué, matériellement, sur notre territoire ;

14° Que nationaux ou étrangers jouissent des mêmes avantages, tous ceux qui apportent de l'industrie devant être égaux aux yeux de la loi ;

15° Que le brevet se délivre à un seul degré, sans aucune mesure exceptionnelle de validation ;

16° Que l'expropriation reste sur le terre-plein de la propriété foncière ;

17° Que la juridiction soit consulaire, en premier ressort ; que la cour des appels industriels soit exempte de la formalité du roulement, et que le rouage relatif aux experts soit modifié.

C'est d'après ces principes, éprouvés ailleurs, que sont rédigés le projet de loi et l'avant-projet de règlement d'administration publique qui suivent.

C'est d'après ces principes que la loi doit être conçue, si l'on veut qu'elle conduise au résultat désiré. Ajoutons qu'il serait mille fois préférable, pour l'industrie, que l'on s'abstînt de toute révision, plutôt que de faire un seul pas dans la voie où la question est engagée. Les vieilles lois sont comme les vieux monuments, dont le temps émousse et arrondit les angles trop aigus.

Si, loin de préparer l'avenir en perfectionnant le passé, nous devons voir la nouvelle loi tourner dans le cercle des demi-mesures, mieux vaut cent fois nous abstenir complétement.

L'abstention, dans ce cas, permet l'étude, et l'on conserve au moins l'espoir que la lumière se fera.

Telle est notre pensée ; si, en la formulant, nous avions pu, soit dans la forme, soit dans l'exposition des faits ou dans les expressions, nous écarter des règles suivies dans les régions parlementaires, nous nous empresserions de faire amende honorable ; espérant qu'on voudra bien n'avoir égard qu'au fond et aux intentions qui sont spécialement voués aux développements et à la prospérité de toutes nos industries.

Nota. Ne voulant pas détourner l'attention des points directement soulevés par le projet de loi, et trouvant, cependant, les brevets d'application beaucoup trop importants pour être passés sous silence, nous avons reporté le chapitre qui y a rapport à la suite des présentes conclusions.

CHAPITRE IX.

Brevets d'application.

Dans la partie de l'Exposé des motifs que nous avons citée au commencement du chapitre deuxième, se trouvent les lignes suivantes :

« La condition essentielle de tout brevet est que l'invention » soit nouvelle, c'est-à-dire qu'elle n'ait reçu, ni en *France*, ni à » *l'étranger*, soit par la voie de l'impression, soit de tout autre » manière, une publicité *suffisante* pour qu'elle puisse être mise à » exécution. »

Ce qui signifie :

Que le nouveau projet maintient la suppression des brevets d'importation ;

Qu'il repousse les brevets d'application ;

Qu'il exige des brevetés la nouveauté universelle et absolue.

Nous allons examiner ces diverses propositions.

1° DES BREVETS D'IMPORTATION.

Pour traiter avec fruit la question du brevet d'importation, il est indispensable d'admettre les axiomes suivants :

1° Il est utile d'attirer chez soi les progrès réalisés dans tous les pays.

2° Rien ne se fait sans un promoteur ; sans ce promoteur, les choses les plus simples restent dans le néant.

3° Rien de nouveau ou d'inconnu dans un milieu ne peut être l'objet d'une tentative quelconque d'introduction dans ce milieu, sans la certitude, pour celui qui prend l'initiative, de n'être pas dépouillé au jour du succès.

4° Le brevet industriel n'a pas pour principal objet de récompenser une œuvre de l'intelligence, mais bien de couvrir, de protéger les débutants pendant tout le temps de l'incertitude industrielle.

5° Le brevet n'est point une entrave ; il est institué pour développer et augmenter la somme du travail national.

Si, au contraire, l'on admet :

Que la France peut se passer des progrès de l'étranger ;

Que les améliorations viennent d'elles-mêmes et se réalisent d'office ;

Que l'industrie aime à risquer ses fonds dans des opérations nouvelles ;

Que le brevet n'a pas pour résultat de couvrir les débuts industriels ;

Qu'il est offert dans le seul but de pousser aux descriptions ;

Enfin, que le brevet est une chose contraire aux intérêts du pays qui l'accorde ;

Ne recherchons pas le brevet d'importation, et conservons le principe de la nouveauté universelle.

Mais si le brevet d'importation a réellement pour but d'enrichir notre industrie ; d'ajouter aux progrès qui nous sont propres, tous les progrès de nos voisins, nous devons l'admettre avec le plus vif empressement.

Ne pas avoir une chose qu'aucun peuple ne possède encore,

ne constitue pas un état d'infériorité; mais ne pas posséder un progrès qui existe chez d'autres peuples, c'est être en arrière de ces peuples. Aussi, bien loin de repousser l'introduction de nouveaux moyens de travail, devrions-nous au contraire fonder des sociétés d'importation, ou décerner des récompenses aux importateurs.

Pour l'Angleterre, tous les brevets sont de véritables brevets d'importation ; elle ne s'est jamais inquiétée si c'était ce qu'on a appelé en France *le prix de la course.*

D'abord elle sait que rien n'est *le prix de la course.* La déclaration qu'elle exige est une simple mesure de forme.

Elle sait que, quelle que soit l'origine d'une invention, son importation exige d'abord une intelligence supérieure qui l'ait discernée, qui veuille bien s'y consacrer, et qui puisse supporter les sacrifices de temps et d'argent nécessaires à son succès ; que ces avances de toutes sortes, il faut les récupérer, et qu'il serait parfaitement injuste, quelle que soit la nature des peines prises ou des risques courus, qu'il pût se trouver une circonstance dans laquelle celui qui a couru ces risques, pour apporter une jouissance nouvelle à la société, pût être victime de son zèle et de ses efforts.

Pour elle, le mot brevet d'invention n'a pas la portée presque métaphysique, de nouveauté absolue ; c'est toujours, dans sa pensée, une nouveauté relative. D'une part, elle n'a pas voulu demander l'impossible ; d'autre part, elle n'a pas commis la faute de demander une chose contraire à ses intérêts.

L'Exposé des motifs dit :

« On n'a pas rétabli le brevet d'importation, mais *en revanche* on a permis aux inventeurs étrangers, etc. »

Pour qu'il y ait compensation entre deux moyens, il

faut que ces moyens puissent conduire au même résultat; ici la substitution n'est nullement possible; les éléments de la substitution ne sont pas de même nature : l'un, le brevet d'importation, touche à un intérêt national; l'autre, la venue de l'inventeur étranger, est subordonné à son bon vouloir ou aux conditions de son intérêt privé. Il est bien évident que, certain que personne que lui ne peut prendre de brevet pour son produit, il ne se déplacera pas pour venir en France monter une usine; il expédiera tout simplement ses produits fabriqués. Dans ces conditions, le privilége qu'il tient de son pays, lui suffira pour le monde entier, si le monde entier imite la législation française. Il vendra, il expédiera à tous sans redouter de concurrents.

C'est seulement après qu'il sera parvenu à ancrer son produit dans les usages des pays tributaires, par des placements nombreux et fructueux, que la concurrence apparaîtra ; mais cela le reporte à une époque beaucoup trop éloignée pour qu'il doive s'en préoccuper.

La mesure était donc fausse à plusieurs chefs : d'abord, elle substituait l'un à l'autre des éléments complétement différents l'un de l'autre ;

Ensuite, elle privait volontairement l'industrie française des progrès réalisés en pays étrangers ;

Enfin, elle assurait au premier fabricant un monopole commercial d'autant plus formidable, que l'universalité des fournitures qu'elle lui assurait le conduisait forcément à une production manufacturière plus vaste, plus économique, et plus difficile à combattre et à déraciner plus tard.

Il y aurait donc une faute économique capitale à maintenir un semblable principe, et nous espérons qu'un nouvel examen suffira pour placer la France dans des conditions plus conformes à ses intérêts.

2° DU BREVET D'APPLICATION.

En réclamant pour la France, le principe de la nouveauté nationale comme il existe en Angleterre, le brevet d'importation semble devenir une superfétation; nous l'avons maintenu cependant à cause du droit des gens.

Il y a dans l'industrie étrangère deux choses qu'il ne faut pas confondre et qu'il est désirable de voir importer :

L'industrie libre,

L'industrie brevetée.

L'industrie libre que nous devons attirer par tous les moyens,

L'industrie brevetée dont nous devons provoquer le respect, tout en facilitant l'importation.

C'est pour donner satisfaction à ce respect que nous obligeons les demandeurs à indiquer l'origine de leur découverte et à mentionner la nature des recherches qu'ils ont faites, des ouvrages qu'ils ont consultés pour s'assurer de leur priorité.

Limitant toutefois cette recherche à celles des nations industrielles, dont les recueils des inventions brevetées se trouvent dans nos bibliothèques.

Quant à l'importation de la partie libre de l'industrie étrangère, nous la considérons comme ne réclamant aucun délai de garantie et nous nous bornons à demander l'origine.

Mais si nous attachons une grande importance à l'introduction de l'indurtrie étrangère, nous en attachons une bien plus grande encore à l'application des parties délaissées de notre propre industrie et sur lesquelles nous devons attirer l'attention du législateur.

En effet, si nous perdons par tout ce qui ne nous parvient pas du dehors, nous perdons plus encore sur notre propre fonds, par tout ce qui n'arrive pas à maturité, et nous avons surtout beaucoup perdu volontairement par le mode de paiement, par la mesure restrictive de l'exécution obligatoire dans un temps réglementaire.

Aussi proposons-nous :

1° De relever de la déchéance pour retard de paiement, tous ceux qui en feront la demande dans un délai donné, et *dont l'invention n'aurait pas été appliquée par des tiers, depuis la déchéance de leur titre;*

2° De permettre de breveter à nouveau tout ce qui, quoique décrit dans des brevets périmés ou déchus, n'aurait pas encore été appliqué depuis la péremption ou la déchéance du brevet; ceci, sans égard pour le délai depuis lequel le brevet aurait été abandonné, pourvu que cet abandon ne remontât pas à moins de deux années.

Ce qu'on ne sait pas assez, c'est qu'il y a plus de mérite à matérialiser une idée qu'à engendrer cette idée.

On ne sait pas le nombre des déboires qui attendent le réalisateur ; on ne sait pas les difficultés qui surgissent au moment de l'exécution, les barrières qui se dressent à chacun de ses pas.

Ainsi, par exemple, pour la fabrication du papier continu, quoi de plus simple que l'émission de cette idée : *Faisons le moule assez long pour que la pâte, se répandant à sa surface, pendant qu'il chemine lentement, ait le temps de sécher dans son parcours et puisse être recueillie à l'autre extrémité.* Voilà l'idée simple et grande du papier sans fin, comme devait le réclamer un jour la télégraphie électrique !

L'idée mère, l'idée principale n'annonçait pas de difficulté, et voilà un brevet dont la description doit paraître *suffisante* pour qu'on ne délivre pas un second brevet.

Voyons maintenant l'*accessoire* qu'on nomme l'*exécution.*

Pour recevoir la pâte et l'égoutter, il faut un fond de tamis; en quoi, en quelle substance sera ce fond de tamis ?

Après de longs et coûteux tâtonnements, on s'arrêta au feutre ; mais on ne trouva pas dans le commerce de feutres de dimension convenable.

L'inventeur alors dut s'ingénier à fabriquer du feutre, à monter des métiers. Pendant ce temps, le brevet courait.... Le feutre arrive ; mais la dessiccation du papier ne pouvant se faire assez promptement, assez complétement sur le feutre seul, on dut se borner à l'y ébaucher, à l'amener en consistance, et à l'achever sur une toile métallique sans fin. Ici, mêmes difficultés, mêmes délais, création d'une nouvelle branche d'industrie, ou au moins, de nouveaux instruments dans cette branche.

Enfin la machine est prête ; on monte une usine pour la mettre en fonction ; on installe une machine à vapeur, et l'on va enfin recueillir des bénéfices. Erreur !.... Le papier est alternativement épais et mince ; la machine motrice n'a pas encore l'uniformité de vitesse qui convient à un travail continu de cette nature, et voilà notre auteur, en voulant faire du papier, aux prises avec la plus grande difficulté de l'époque, avec le régulateur absolu ! Sans perdre courage, il continue la lutte. Mais quand il aura triomphé, la première moitié de sa jouissance sera expirée, sans, pour cela, être arrivé au terme de ses difficultés ; car, alors, va commencer une lutte d'un nouveau genre : tous les fabricants, pour ne pas cesser de travailler, crieront à la mauvaise qualité, et tous les marchands feront chorus pour avoir le temps d'écouler les vieux produits. Pendant cette nouvelle croisade commerciale, la seconde moitié du brevet s'écoulera, et notre inventeur aura servi de marche-pied à ses successeurs.

Dans notre conviction, si la persévérance ou les capitaux eussent manqué à l'inventeur de la machine à papier, il est probable que nous serions encore aujourd'hui privés du papier continu ; car, n'accordant pas de brevets d'application, et les brevets sur cette matière ne pouvant plus, après les premières tentatives, porter que sur des variantes de substance, personne n'eût osé se hasarder dans une voie destinée à être plagiée le lendemain.

Le célèbre Carcel a imaginé un mouvement d'horlogerie pour faire monter l'huile au bec d'une lampe, afin de supprimer la couronne qui, encombrant la partie supérieure, obstruait la lumière, et d'y brûler l'huile à blanc de mèche. Voilà l'invention mère ; une fois exécutée, croit-on que le succès fut obtenu? Nullement... La lampe était fumeuse ; il y avait ou trop ou pas assez d'oxygène admis ; il fallut que l'inventeur trouvât le moyen de doser la vitesse et le volume de l'air, et, pour cela, qu'il fît fabriquer des verres de forme spéciale et qu'il créât un moyen de les rendre mobiles. Il y parvint, et son œuvre fut complète comme lumière. Mais on ne crée pas un produit nouveau pour le garder en magasin. Il le mit en vente. Alors il arriva que les huiles du commerce encrassèrent et engorgèrent les canaux de sa nouvelle lampe et, rendant impossible l'usage de sa découverte, l'obligèrent, pour faire pénétrer dans nos usages le progrès dont nous jouissons, à faire épurer des huiles et à donner à ses clients des moyens d'approvisionnement. En sorte que, d'horloger qu'il était, il dut devenir débitant d'huile à brûler! Ce ne fut pas encore assez : il lui fallut établir des dépôts à proximité de chaque nouveau client!... Que de mal, que de peines!... L'idée première, l'invention principale est aujourd'hui abandonnée et remplacée par un simple ressort; mais le soi-disant accessoire, le point cherché, le vrai labeur, celui qui a servi à dénouer la difficulté, la cheminée régulatrice enfin, cette fraction de la création de ce célèbre inventeur qui a fourni un chef-d'œuvre impérissable et qui doit porter son nom à la postérité, il n'en est même plus parlé.

Et pourtant, si le Carcel, inventeur du rouage d'horlogerie, eût, avant de l'appliquer, laissé tomber son brevet dans le domaine public, on eût refusé au Carcel qui a trouvé l'accessoire et surmonté les difficultés de la réalisation, un brevet d'application, par la raison que la matérialisation n'est qu'accessoire, et que l'idée première a seule droit à la considération du législateur.

Ces accessoires, cependant, nous le répétons, sont les seuls progrès qui persistent et dont nous profitions aujourd'hui.

Voilà un homme qui a passé la première moitié de sa jouissance à aplanir *les difficultés* matérielles, et la seconde partie à déblayer le terrain, à frayer le passage à d'autres. Aujourd'hui, nous profitons de son œuvre sans songer que la société a été injuste à son égard, et que quelques années de jouissance en plus eussent constitué la seule réparation qu'elle pouvait lui offrir.

Comment se refuser à reconnaître, par ce qui précède, que l'invention décrite n'était pas l'invention faite, et que *l'applicateur* a souvent plus de mérite que l'inventeur?

Nous ne voudrions pas multiplier les citations, qui se ressemblent toutes par le fond, et qui ne varient que par les détails ou par la forme; nous ne pouvons cependant résister à dire un mot de la bougie stéarique.

Un des progrès les plus considérables de la science moderne, la décomposition des corps gras, nous a mis en possession d'un acide pouvant, pour certains usages, remplacer la cire. Le suif, ce mélange nauséabond et graisseux, allait se transformer en un corps sec, inodore, d'un aspect agréable et d'un contact parfaitement inoffensif. Quoi donc de plus naturel que la pensée d'en faire de la bougie ? Et, en apparence, quoi de plus simple que l'application? Verser cette nouvelle cire dans le moule en guise de suif ordinaire, et tout semblait dit.

Mais rien n'est simple en industrie nouvelle, parce que le dénoûment y est toujours rigoureux, et si le public peut se faire illusion sur les facilités apparentes des procédés mis en usage, les chercheurs, eux, savent, par les nombreuses déceptions qu'ils éprouvent à l'application de leurs idées, dans quels sentiments de réserve et de modestie ils doivent se renfermer, tant que les faits ne sont pas entièrement accomplis.

La nouvelle cire fut effectivement coulée dans les moules... Mais la bougie qui en sortit était tout aussi fumeuse que la chandelle ; elle réclamait, comme l'ancienne chandelle, le secours des mouchettes; en un mot, on avait encore de la chandelle, seulement elle revenait beaucoup plus cher.

C'est en vain qu'on varia le diamètre de la mèche, qu'on varia la substance qui la composait ; en vain fit-on appel aux hommes les plus marquants de la science ; l'accessoire, la mèche, ce simple intermédiaire, a tenu très-longemps cette magnifique industrie en échec, et a failli nous priver d'une des plus belles applications d'une des découvertes les plus marquantes de notre époque et qui forme aujourd'hui une branche de commerce considérable.

On eut l'idée de glisser sur l'un des côtés de la mèche un fil droit se contractant diversement sous l'influence de la chaleur et devant renverser la mèche dans le but de livrer au courant d'air la partie devenue inutile et de la réduire en cendres; on obtint déjà une amélioration; mais ce ne fut encore qu'un indice : le phénomène de contraction ne s'accomplissait pas d'une manière uniforme, et, à de certains intervalles, la bougie redevenait chandelle.

Enfin, après bien des recherches dans lesquelles les fonds de l'entreprise s'engouffrèrent en frais de toutes sortes, on songea à tresser, au lieu de tordre, les filaments qui devaient composer cette si décevante mèche. Ce ne fut qu'alors que la difficulté pratique fut résolue ; mais une partie de la durée du brevet était encore écoulée.

Il existe des problèmes parfaitement résolus en petit et qui résistent à l'application sur une plus grande échelle. De très-nombreuses tentatives ont constamment donné les mêmes résultats. Cela veut-il dire que ces problèmes soient insolubles sur une grande échelle ? Non, il y a tout à parier que l'écueil se trouve dans un manque de proportions; mais comme la loi ne brevète pas des changements de dimension, personne ne voudra reprendre, au profit des braconniers industriels, des expériences dont le profit leur serait enlevé le lendemain du succès.

Avec le brevet d'application, rien ne serait désespéré, et les sauveteurs trouveraient un juste dédommagement.

D'autres problèmes, sous les précieuses indications d'un des princes de la science, ont été et sont encore en ce moment l'objet de nombreuses tentatives : l'air dilaté et la vapeur instantanée, ou mieux la force motrice par la dilatation d'un gaz. Souhaitons que ces importants problèmes sortent parfaitement résolus des mains des persévérants chercheurs qui osent les aborder ; mais si, par impossible, il n'en était pas ainsi, et que les champions actuels vinssent augmenter le nombre des victimes, nos lois refuseraient-elles d'accorder un brevet d'application à celui qui dirait à la société : Je me sens le courage de reprendre la lutte et la force d'en triompher ?

Se bornera-t-elle à lui accorder la jouissance exclusive de l'accessoire qui aura dénoué la difficulté, pour qu'au jour du triomphe, la cohorte des plagiaires vienne s'abattre sur sa conquête et se l'approprier, en n'ayant bien souvent qu'une légère modification à introduire ?

N'hésitons pas à le proclamer, nos lois auraient raison d'en agir de la sorte si la période des premiers brevetés n'était pas expirée ; dans ce cas, le nouveau venant doit chercher à s'entendre avec les propriétaires des brevets non expirés. Mais s'il n'y a plus de brevetés debout ; s'il ne reste sur le champ de bataille industriel que des mécomptes et des débris ; si le sentiment qui survit à la défaite est un affaissement moral, une condamnation générale de la cause perdue, nous croyons qu'il serait on ne peut plus injuste et surtout profondément impolitique de ne pas accorder un brevet complet.

Toutes les industries inconnues fourmillent d'écueils. Elles paraissent très-complètes dans les descriptions premières ; mais à l'application les difficultés se manifestent, et si le législateur pouvait prendre la peine d'examiner attentivement les certificats *d'addition* ; s'il pouvait compulser quelques-uns de ces compléments de brevets que nos lois ont, de tout temps, eu la sagesse de maintenir, il verrait que le véritable travail n'apparaît qu'au moment de l'application ; que c'est là seulement que toutes les difficultés surgissent et non à l'émission de l'idée mère, que, bien souvent, l'inventeur reçoit du dehors.

Ne nions donc pas ces difficultés, elles existent partout ; partout, dans une œuvre nouvelle, il y a, à côté de la difficulté apparente, une difficulté latente, et partout la solution cherchée, la solution obligatoire, prendra, dans les difficultés vaincues, une place plus considérable que le travail d'inspiration.

Comment donc se fait-il que la société, qui comprend et apprécie si bien ces difficultés alors qu'il ne s'agit que de choses connues et à reproduire, ne veuille plus les reconnaître dès qu'il s'agit de choses nouvelles ?

Quoi ! nous savons que les débuts, dans les industries nouvelles, sont susceptibles de mécomptes assez graves pour qu'en vue de les épargner, la société ait dû fonder des chaires d'application industrielle, et nous n'aurions aucune sollicitude pour les difficultés bien autrement considérables de la mise en œuvre d'un produit nouveau où tout est à créer !

Quoi ! nous trouvons la difficulté des débuts assez grande, dans les industries déjà créées, pour que nous fassions occuper ces chaires par les hommes les plus éminents de la science ; nous leur demandons de consacrer toute leur intelligence à analyser, à simplifier, à régulariser les procédés nouvellement transmis par les inventeurs, et nous méconnaissons ces difficultés tant qu'elles sont dans les mains de ces mêmes inventeurs; et nous leur marchandons pour ainsi dire la concession de quelques années de jouissance, alors qu'ils ont tout à faire pour rendre leur œuvre utile à tous !

Si nous ne pouvons leur donner que des enseignements généraux, si nous ne pouvons rien leur indiquer de spécial pendant tout le temps qu'ils sont livrés à eux-mêmes, aidons-les, au moins, par une protection suffisante comme efficacité et comme durée ; ne les repoussons pas lorsqu'ils viennent proposer d'amener à bien des œuvres laissées en chemin.

Accueillons donc, dans notre nouvelle loi, ces demandes d'achèvement des parties les plus ingrates et les plus difficiles de l'invention, et cessons de confondre l'idée première avec la jouissance matérielle réellement procurée à la société, et de vouloir qu'il n'y ait de protection que là où il y a idée nouvelle.

La réalisation industrielle, voilà ce qu'il faut encourager ; agir autrement, serait aussi injuste qu'impolitique.

Ce que nous réclamons pour la mise en culture des landes industrielles, la société le pratique tous les jours sous un autre nom.

Qu'est-ce donc, en effet, que la concession d'un chemin de fer, sinon un véritable *brevet d'application* pour quatre-vingt-dix-neuf ans ! Un brevet d'application d'une invention, non pas seulement décrite et qu'il faut compléter, mais d'une invention parfaitement expérimentée et universellement appliquée !

Dans la concession d'une mine, il y a au moins un aléat, il y a un risque à courir ; dans le chemin de fer, tout est prévu, tout est chiffré.

Comment ! pour couvrir les avances et les soins de celui qui applique, sans risque, l'invention si connue du railway, nous avons trouvé une forme de brevet qui enlève du droit commun toute une ligne, tout un réseau de chemin de fer, pour en donner l'exploitation exclusive à un seul titulaire ! Et pour le développement de l'industrie, pour la conquête d'un progrès, là où il faut s'exposer aux risques de l'inconnu, nous serions impuissants à trouver une forme de concession ? Nous serions incapables de fonder une institution qui permît de faire rentrer dans ses avances et d'indemniser de ses soins celui qui offre d'amener à bien une œuvre abandonnée ?

Cela ne se peut pas ; la société ne peut pas être assez dédaigneuse de ses propres intérêts pour négliger éternellement d'utiliser ce qu'elle possède ; elle ne peut pas être assez dépourvue de ressources pour ne pas trouver une formule qui mette d'accord la raison et l'équité avec les plus précieux intérêts du pays, et nous espérons que cette formule, elle la trouvera dans le brevet d'application.

CHAPITRE X.

Projet de loi sur les brevets d'invention.

TITRE Ier.

DES BREVETS D'INVENTION, D'APPLICATION, D'IMPORTATION ET DES CERTIFICATS D'ADDITION.

SECTION PREMIÈRE.

De l'objet, des effets et de la durée des brevets.

Art. 1er. — Toute nouvelle découverte ou invention dans tous les genres d'industrie confère à son auteur, lorsqu'il en fait la demande, le droit exclusif de l'exploiter sous les conditions et pour le temps ci-après déterminés.

Ce droit est constaté dans des titres que délivre le gouvernement, sous le nom de *brevets d'invention.*

Art. 2. — Sont considérées comme inventions ou découvertes nouvelles :

L'invention de nouveaux produits industriels ;

L'invention de nouveaux moyens ou l'application nouvelle de moyens connus pour l'obtention d'un résultat ou d'un produit industriel ;

L'obtention d'un résultat nouveau, par des moyens connus.

Ne sont pas réputées nouvelles les découvertes ou inventions qui ont reçu en France, antérieurement au dépôt de la demande du brevet, une publicité assez complète pour pouvoir être exécutées.

Art. 3. — L'application d'inventions ou découvertes qui ne peuvent plus être réputées nouvelles, parce qu'elles auraient reçu depuis plus de deux ans une publicité assez complète pour pouvoir être exécutées, confère à celui qui en fait la demande, le droit exclusif de l'exploiter sous les conditions et pour le temps ci-après déterminés.

Ce droit est consigné dans des titres que délivre le gouvernement, sous le nom de *brevets d'application.*

Art. 4. — L'importation, en France, d'inventions ou découvertes nouvelles qui sont brevetées à l'étranger, confère à l'importateur qui le sollicite, le droit exclusif de l'exploiter sous les conditions et pour le temps ci-après déterminés.

Ce droit est consigné dans des titres que délivre le gouvernement, sous le nom de *brevets d'importation.*

Art. 5. — Nul ne peut se prévaloir, contre le droit exclusif du breveté, de l'usage qu'il aurait fait de l'invention ou de l'exploitation à laquelle il se serait livré antérieurement au brevet, si cette exploitation ou cet usage n'a pas donné à l'invention une publicité suffisante pour entraîner la nullité du brevet, conformément aux art. 2 et 18.

Art 6. — Les brevets sont délivrés sans examen préalable, aux risques et périls des demandeurs, et sans garantie soit de la réalité, de la nouveauté ou du mérite de l'invention, soit de la sincérité de la description, soit de la fidélité ou de l'exactitude des déclarations.

Art. 7. — La priorité est acquise à l'impétrant, à partir du dépôt de la demande de brevet au lieu qui sera indiqué par le règlement d'administration publique à intervenir en exécution de la présente loi.

Pendant les six mois qui suivent le dépôt de la demande en brevet d'invention, la description et les dessins sont tenus secrets par le gouvernement.

Après ce délai, les descriptions et dessins sont publiés en brochure séparée. Tous les détails applicables au mode d'exécution de ces publications feront partie d'un règlement d'administration publique à intervenir.

Les descriptions du brevet d'application et d'importation pourront aussi être publiées par l'administration en livraison, immédiatement après le dépôt de la demande.

Art. 8. — La durée des brevets se compte à partir du moment

du dépôt de la demande ; elle est fixée à vingt ans pour les brevets d'invention, à quinze ans pour les brevets d'application, et à dix ans pour les brevets d'importation. Chacun de ces brevets pourra être l'objet d'une prolongation de cinq ou de dix ans, si le titulaire ou ses concessionnaires prouvent que, pendant la durée de leur privilége, ils n'ont pas été suffisamment dédommagés de leurs avances.

Art. 9. — Chaque brevet donne lieu au paiement d'une taxe ainsi fixée, savoir :

1° Pour les cinq premières années, à une somme de 300 fr., payables en deux termes : le premier, de 100 fr., avant d'effectuer le dépôt de la demande ; le deuxième, de 200 fr., avant l'expiration des six premiers mois ;

2° A une somme de 500 fr., pour la deuxième période de cinq ans, payable avant la fin de la cinquième année ;

3° A une somme de 700 fr. pour la troisième période de cinq ans, payable avant la fin de la dixième année ;

4° A une somme de 1,000 fr. pour la quatrième période de cinq ans, payable avant la fin de la quinzième année ;

5° A une somme de 1,000 fr. par chaque période de prolongation de cinq années ;

6° Enfin, à une surtaxe de 10 0/0 en plus pour les brevets d'application et d'importation.

Art. 10. — Le paiement de la taxe a lieu, pour les deux premières fractions, entre les mains du receveur central du département, et, pour les trois autres fractions, entre les mains du receveur des contributions, qui en poursuivront la rentrée au même titre que le paiement des contributions.

Art. 11. — Tout retard dans l'acquit de la taxe entraînera pour le titulaire une augmentation de 10 0/0 de la somme due par chaque mois de retard écoulé depuis l'exigibilité.

En cas de non-libération dans le délai d'une année, à partir de l'échéance, le receveur pourra exercer son recours contre le titre, dont il requerra la mise en vente publique, au profit de l'administration. Si, par les enchères publiques, le brevet a produit une somme supérieure à celle due au percepteur, le surplus appartiendra au breveté exproprié.

SECTION II.

Du droit des Étrangers.

Art. 12. — Tout étranger résidant en France peut prendre un brevet aux mêmes titres et conditions qu'un Français.

Art. 13. — Tout étranger, non résidant en France, peut également prendre un brevet en France; dans ce cas, il doit, sous peine de déchéance, exploiter ou faire exploiter l'objet de son brevet dans les trois ans de la date de sa demande.

S'il a, antérieurement à sa demande en France, obtenu un brevet à l'étranger pour le même objet, la préférence lui est accordée pendant deux ans à partir de son brevet primitif, sans, pour cela, pouvoir dépasser la durée des brevets français, sauf toutefois, le cas où il aurait été devancé par l'exécution libre.

SECTION III.

Des changements, perfectionnements ou additions.

Art. 14. — Les brevetés ou leurs ayants droit qui apportent des changements, perfectionnements ou additions à leur découverte, peuvent prendre, soit de nouveaux brevets, soit des certificats d'addition.

Les certificats d'addition ne peuvent être obtenus que pendant la durée du brevet auquel ils se rattachent. Ils expirent en même temps que ce brevet, et donnent lieu au paiement d'une taxe unique de 20 fr.

Art. 15. — Toute personne peut prendre un brevet pour changement, perfectionnement ou addition à une découverte déjà brevetée.

Néanmoins, pendant l'année qui suit la divulgation du brevet principal, la demande du breveté ou de ses ayants droit obtient la préférence.

Jusqu'à l'expiration de ladite année, les demandes faites par les tiers demeurent, s'ils le réclament, déposées sous cachet au ministère de l'agriculture, du commerce et des travaux publics.

Art. 16. — Celui qui a pris un brevet pour changement, perfectionnement ou addition, n'a pas le droit d'exploiter l'invention déjà brevetée, et, réciproquement, le titulaire du premier brevet ne peut exploiter l'invention qui fait l'objet du second.

SECTION IV.

De la cession des brevets.

Art. 17. — Tout brevet peut être cédé en totalité ou en partie, à titre gratuit ou onéreux.

La cession doit être faite par acte authentique.

Elle n'est valable, à l'égard des tiers, que par son enregistrement au ministère de l'agriculture, du commerce et des travaux publics.

A moins de conventions contraires, le cessionnaire d'un brevet et ceux qui auront acquis d'un breveté ou de ses ayants droit la faculté d'exploiter la découverte ou l'invention, ne profiteront point des certificats d'addition ou des brevets de perfectionnement qui seront ultérieurement délivrés au breveté.

SECTION V.

Des nullités et des déchéances de brevets.

Art. 18. — Est nul et de nul effet tout brevet délivré dans les cas suivants, savoir :

1° Si la découverte, invention ou application, est reconnue contraire à l'ordre ou à la sûreté publique, aux bonnes mœurs ou aux lois de l'Empire ;

2° Si le brevet a été délivré pour compositions pharmaceutiques ou remèdes de toute espèce ;

3° S'il porte sur des principes, méthodes, systèmes, découvertes et conceptions théoriques ou purement scientifiques dont on n'a pas indiqué les applications industrielles, ou sur des plans et combinaisons de crédit ou de finances ;

4° Si la découverte, invention ou application n'est pas nouvelle, pour le brevet d'invention ; si l'origine n'est pas sincèrement indiquée, pour les brevets d'application ou d'importation ;

5° Si le titre sous lequel le brevet a été demandé indique frauduleusement un objet autre que le véritable objet de l'invention ;

6° Si la description jointe à l'original du brevet n'est pas suffisante pour l'exécution de l'invention, ou si elle n'indique pas, d'une manière complète et loyale, les véritables moyens de l'inventeur ;

7° Si le brevet a été pris contrairement au droit de préférence conféré par l'art. 13 ;

8° S'il l'a été pour une invention ou découverte faite par un agent de l'Etat dans l'accomplissement d'une mission spéciale ou sous la direction du gouvernement.

Est également nul et de nul effet tout certificat comprenant des changements, perfectionnements ou additions qui ne se rattacheraient pas au brevet principal.

Art. 19. — Est déchu de tous ses droits :

Le breveté qui a vendu en France des objets fabriqués en pays étrangers et semblables à ceux qui sont garantis par son brevet.

Le ministre de l'agriculture, du commerce et des travaux publics pourra autoriser l'introduction par le breveté :

1° Des modèles de machines ;

2° D'objets fabriqués à l'étranger destinés à des expositions publiques ou à des essais faits avec l'assentiment du gouvernement.

TITRE II.

DES ACTIONS JUDICIAIRES RELATIVES AUX BREVETS.

SECTION Ire.

De la juridiction et de la procédure.

Art. 20. — Les demandes en *nullité* ou en déchéance de brevets, les contestations relatives à la propriété des brevets, sont portées devant les tribunaux consulaires qui seront créés à l'occasion de la présente loi.

Les actions ou poursuites en contrefaçon sont portées, suivant les cas déterminés par la présente loi, soit devant les tribunaux consulaires, soit devant les tribunaux correctionnels.

Art. 21. — Les affaires portées devant les tribunaux consulaires sont instruites et jugées comme affaires sommaires.

Le délai d'appel est de quinze jours pour les parties en cause, et d'un mois pour le ministère public agissant comme partie principale.

Le délai du pourvoi en cassation est d'un mois.

Il est statué dans les quarante jours par la chambre des requêtes. En cas d'admission, le défendeur est assigné, dans le mois, devant la chambre, qui statue d'urgence.

Art. 22. — L'appréciation de la partie technique des différends portés devant les tribunaux est confiée à des experts nommés et choisis par le tribunal, sur une liste de candidats placés par ordre de préférence et présentée par chacune des parties en cause.

Les tribunaux pourront, s'ils le jugent convenable, adjoindre un troisième expert de leur choix exclusif.

Art. 23. — La personne des experts est inattaquable, et les défenseurs doivent se borner à discuter les opinions formulées par l'expertise.

Art. 24. — La rémunération affectée aux experts appelés dans les contestations relatives aux brevets, sera l'objet d'un tarif spécial, révisible et modifiable chaque année

SECTION II.

Des actions en nullité ou en déchéance.

Art. 25. — L'action en nullité et l'action en déchéance peuvent être exercées par toute personne y ayant intérêt.

Elles peuvent l'être également à la requête du ministère public.

Art. 26. — Tous les ayants droit au brevet dont les titres sont enregistrés au ministère de l'agriculture, du commerce et des travaux publics, doivent être mis en cause.

Art. 27. — Si la demande est dirigée en même temps contre le titulaire du brevet et contre un ou plusieurs cessionnaires partiels, elle est portée devant le tribunal du domicile du titulaire du brevet.

Art. 28. — Lorsque la demande est formée à la requête du ministère public, le jugement qui prononce la nullité ou la déchéance produit son effet même au profit des tiers.

Dans toute instance introduite par les parties intéressées, le ministère public peut également prendre des réquisitions pour faire prononcer la nullité ou la déchéance absolue du brevet.

SECTION III.

Des actions et poursuites en contrefaçon.

§ 1. — *De l'action civile en contrefaçon.*

Art. 29. — Toute atteinte portée aux droits du breveté, soit par la fabrication des produits, soit par l'emploi des moyens faisant partie de son brevet, constitue la contrefaçon.

Dans les six mois pendant lesquels la description demeure secrète, nul, à moins qu'il n'ait agi sciemment, ne peut être poursuivi pour contrefaçon.

Ceux qui ont sciemment recelé, vendu, exposé en vente ou introduit sur le territoire français un ou plusieurs objets contrefaits, sont assimilés aux contrefacteurs.

Art. 30. — L'action en contrefaçon, intentée à la requête du breveté ou de ses ayants droit, est portée devant les tribunaux consulaires de première instance.

Art. 31. — Tout propriétaire de brevet peut, en vertu d'une ordonnance rendue par le président du tribunal de première instance, par le président du tribunal consulaire, ou même par le juge de paix, dans les cantons où ne siége pas le tribunal, faire procéder par huissier à la description et, s'il le juge utile, à la saisie des objets qu'il prétend contrefaits.

L'ordonnance est rendue sur simple requête et sur la représentation du brevet et du récépissé constatant le paiement intégral de la dernière taxe. Elle contient, s'il y a lieu, la nomination d'un expert pour aider l'huissier dans sa description.

Lorsque la saisie est requise, elle n'est autorisée que sous la condition du dépôt préalable d'un cautionnement déterminé par l'ordonnance.

Une copie de l'ordonnance et de l'acte constatant le dépôt du cautionnement est laissée au détenteur des objets décrits ou saisis : le tout à peine de nullité et de dommages-intérêts contre l'huissier.

Art. 32. — A défaut, par le requérant, d'avoir introduit son action dans le délai de huitaine, indépendamment d'un jour par trois myriamètres de distance entre le lieu où se trouvent les objets décrits ou saisis et le domicile du défendeur, la saisie ou la description est nulle de plein droit, sans préjudice des dommages-intérêts qui peuvent être réclamés, s'il y a lieu, dans la forme prescrite par l'article 20 et suivants.

Art. 33. — Lorsque la contrefaçon est établie, le tribunal condamne le contrefacteur à des dommages-intérêts pour la réparation du préjudice causé.

Il prononce, en outre, au profit du demandeur, la confiscation des objets reconnus contrefaits et celle des instruments ou ustensiles spécialement destinés à leur fabrication.

Il ordonne, s'il y a lieu, l'affiche du jugement.

La confiscation des objets reconnus contrefaits est prononcée, alors même que celui auquel ils appartiennent ne serait pas condamné comme contrefacteur. A l'égard des instruments ou ustensiles, le tribunal peut, dans ce cas, se borner à interdire au défendeur d'en faire usage pour confectionner des produits faisant l'objet du brevet.

Si les contrefacteurs ont agi sciemment, le tribunal peut, en outre, sur les réquisitions du ministère public, les condamner, suivant le cas, aux peines portées dans les articles 35 et 36.

§ 2. — *De la poursuite correctionnelle en contrefaçon.*

Art. 34. — La contrefaçon est un délit lorsque les faits qui la constituent, aux termes de l'article 29, ont été commis sciemment.

La poursuite du délit de contrefaçon ne peut être exercée devant les tribunaux correctionnels qu'à la requête du ministère public et sur la plainte de la partie lésée.

Si, devant le tribunal correctionnel saisi d'une poursuite en contrefaçon, le prévenu soulève, soit des exceptions tirées de la nullité ou de la déchéance du brevet, soit des questions relatives à la propriété dudit brevet, il est sursis jusqu'à ce qu'il ait été statué par le tribunal consulaire sur ces moyens préjudiciels.

Dans ce cas, le jugement fixe un bref délai dans lequel le prévenu devra saisir les juges compétents et justifier de ses diligences, sinon il sera passé outre.

Art. 35. — Le délit de contrefaçon entraîne contre les contrefacteurs et leurs complices la condamnation à une amende de cent francs à deux mille francs.

Le breveté ou ses ayants droit peut se porter partie civile.

Art. 36. — La peine d'emprisonnement d'un mois à un an peut, en outre, être prononcée :

1° Si le contrefacteur est un ouvrier ou un employé ayant travaillé dans les ateliers ou dans l'établissement du breveté ;

2° Si le contrefacteur, s'étant associé avec un ouvrier ou un employé du breveté, a eu ainsi connaissance du mode d'exploitation des procédés décrits au brevet. Dans ce cas, l'ouvrier ou l'employé peut être poursuivi comme complice ;

3° En cas de récidive.

Il y a récidive lorsque, dans les cinq années antérieures, il a été prononcé contre le prévenu une première condamnation pour un des délits prévus par la présente loi, sans préjudice de l'application, s'il y a lieu, des dispositions du Code pénal en matière de récidive.

Art. 37. — Les peines établies par la présente loi ne peuvent être cumulées.

La peine la plus forte est seule prononcée pour tous les faits antérieurs au premier acte de poursuite.

L'article 463 du Code pénal peut être appliqué à tous les délits prévus par la présente loi.

TITRE III.

DISPOSITIONS DIVERSES.

Art. 38. — Est puni d'une amende de cinquante francs à mille francs :

1° Tout individu qui, dans des enseignes, annonces, prospectus, affiches, marques ou estampilles, aura pris la qualité de breveté sans posséder un brevet ;

2° Tout breveté qui, employant les mêmes moyens de publicité, aura pris cette qualité après avoir encouru la déchéance ou après l'expiration de son brevet ;

3° Tout breveté qui, dans des publications de même nature, aura mentionné son brevet, sans désigner l'objet spécial pour lequel il l'a obtenu.

En cas de récidive, l'amende peut être portée au double, et il peut, en outre, être prononcé un emprisonnement d'un mois à six mois.

Art. 39. — Un décret impérial, rendu dans la forme des règlements d'administration publique, déterminera toutes les dispositions nécessaires pour l'exécution de la présente loi.

Il réglera notamment les formalités et les conditions concernant la demande et la délivrance des brevets et des certificats d'addition, le secret, la communication et la publicité des descriptions et dessins, et l'enregistrement des cessions.

Art. 40. — Les brevets d'invention, d'importation et de perfectionnement actuellement en vigueur, délivrés ou prorogés conformément aux lois antérieures, conservent leur effet.

Les titulaires jouissent du droit de les prolonger jusqu'au terme de vingt années, y compris la durée qui leur avait été précédemment assignée, sous la seule condition de payer, pendant le temps de la prolongation, une taxe annuelle calculée sur les bases fixées par l'art. 9.

Art. 41. — Les brevets déchus pour cause d'irrégularité de paiement, pourront se faire relever de la déchéance en en formant la demande dans les trois mois qui suivront la promulgation de la présente loi.

Ils seront relevés de la déchéance si, pendant le temps de leur inaction, personne n'a mis en pratique l'invention qui faisait l'objet de leur brevet.

Dans ce cas, ils auront à payer :

1° En formant leur demande, le complément des sommes arriérées, aux taux de la loi de 1844, et en outre, somme suffisante pour se mettre au courant de la taxe de la présente loi ;

2° Chaque cinq années, une somme correspondant au taux de la période correspondante, d'après les bases indiquées art. 9.

Art. 42. — Les procédures commencées avant la promulgation de la présente loi seront mises à fin conformément aux lois antérieures.

Toute action nouvelle sera suivie conformément aux dispositions de la présente loi, lors même qu'il s'agirait de brevets délivrés antérieurement.

Art. 43. — La loi du 5 juillet 1844, relative aux brevets, est abrogée.

CHAPITRE XI.

Avant-projet de règlement d'administration publique à intervenir en exécution de l'article 39 du projet de loi sur les brevets d'invention.

INDUSTRIE.

De la demande des brevets d'invention.

Art. 1er. — Toute demande de brevet d'invention, d'application ou d'importation, est adressée, par l'entremise des préfets, au ministre de l'agriculture, du commerce et des travaux publics.

Elle est limitée à un seul objet principal. Elle peut en comprendre les détails, les accessoires et les diverses applications. Elle ne doit contenir ni restrictions, ni conditions, ni réserves.

Art. 2. — La demande est déposée sous cachet au secrétariat de la préfecture du département où le demandeur est domicilié, ou de tout autre département où il fait élection de domicile.

A cette demande sont joints, sous enveloppe et sous cachet :

1° La description de la découverte, invention ou application faisant l'objet du brevet demandé.

Cette description doit contenir, en outre, s'il s'agit d'un brevet d'invention, *l'idée fondamentale, le principe ou le motif qui font agir le breveté.* — Elle devra mentionner encore *les ouvrages, recueils ou sources diverses qui ont été consultés pour s'assurer de la non-existence de toute antériorité ;*

2° Les dessins qui peuvent être nécessaires pour l'intelligence de la description ;

3° Un bordereau des pièces et objets déposés.

Il peut aussi être déposé des modèles ou échantillons ; mais ils ne peuvent, en aucun cas, tenir lieu des dessins.

La description et les dessins doivent être en trois expéditions et certifiées conformes par le déposant.

L'une de ces expéditions, désignée par celui-ci, demeure déposée au ministère, et fait seule foi comme original.

En cas de non-conformité des descriptions, le breveté ne peut se prévaloir de ce qu'il ne serait pas contenu tout à la fois dans les trois expéditions.

Art. 3. — La demande indique un titre renfermant la désignation sommaire et précise de l'objet de l'invention.

S'il s'agit d'un brevet demandé pour une découverte déjà brevetée à l'étranger *ou pour une application*, elle fait connaître l'*origine de l'importation ou de l'application*, la date, la durée du brevet primitif, et le pays dans lequel il a été concédé.

Art. 4. — La description est écrite sur du papier d'un forma déterminé par l'administration.

Elle ne peut être écrite en langue étrangère.

Elle doit être sans altérations ni surcharges.

Les mots rayés comme nuls sont comptés et constatés; les pages et les renvois parafés.

Elle ne doit contenir aucune dénomination de poids ou de mesures autres que celles indiquées au tableau annexé à la loi du 4 juillet 1837.

Les dessins sont tracés à l'encre, d'après une échelle métrique, et sur un papier d'un format déterminé.

Toutes les pièces sont désignées par le demandeur ou par un mandataire, dont le pouvoir restera annexé à la demande.

Art. 5. — Nul dépôt n'est reçu que sur la production d'un récépissé constatant le versement à la caisse du receveur général d'une somme de cent francs pour un brevet d'invention, de cent dix francs pour un brevet d'application ou d'importation, et vingt francs pour un certificat d'addition.

Art. 6. — Un procès-verbal, dressé sans frais par le secrétaire général de la préfecture, sur un registre à ce destiné et signé par le demandeur, constate chaque dépôt, en énonçant le jour et l'heure de la remise des pièces.

Ce procès-verbal contient les nom, prénoms, qualité et domicile du demandeur ou de son mandataire.

Il désigne l'invention sous le titre sommaire que le demandeur aura indiqué.

Il fait mention du paiement de la première taxe.

Il est dressé en présence du demandeur.

S'il s'agit d'une invention déjà brevetée à l'étranger ou d'une invention ancienne, nouvellement appliquée, le procès-verbal indique également la date, la durée du brevet, et le pays dans lequel il a été obtenu.

Art. 7. — La date du procès-verbal est le point de départ du droit de l'impétrant.

Il lui en est remis une expédition, moyennant le simple remboursement des frais de timbre.

De la délivrance des brevets.

Art. 8. — Dans les cinq jours de la date du dépôt, le préfet transmet les pièces, sous le cachet de l'inventeur, au ministre de l'agriculture et du commerce, en y joignant une copie certifiée du procès-verbal, le récépissé constatant le versement de la taxe, et, s'il y a lieu, le pouvoir mentionné dans l'article 4.

Art. 9. — A l'arrivée des pièces au ministère de l'agriculture et du commerce, il est procédé, dans l'ordre de leur réception, à l'ouverture des demandes et à leur enregistrement sur un registre spécial.

Art. 10. — Toute demande pour laquelle n'ont pas été observées les formalités prescrites par les articles 2, 3 et 4 du présent décret, est rejetée comme irrégulière par un arrêté ministériel.

Dans ce cas, les pièces sont renvoyées sous cachet au préfet avec l'arrêt de rejet.

Cet arrêté est notifié au demandeur, et les pièces lui sont rendues.

Si, dans les trois mois, à partir de la notification de l'arrêté de rejet, l'inventeur dépose à la préfecture une nouvelle demande pour le même objet, il conserve le bénéfice de la date de sa première demande, et il lui est tenu compte de la somme versée à valoir sur les annuités.

Art. 11. — Si la demande est régulière, un arrêté du ministre est délivré au demandeur et constitue le brevet d'invention.

Cet arrêté constate la régularité de la demande.

Il mentionne expressément que le brevet est délivré sans examen préalable, aux risques et périls du demandeur, sans garantie, soit de la réalité, soit de la nouveauté, soit du mérite de l'invention, soit de la fidélité ou de l'exactitude de la description.

A cet arrêté est joint l'un des trois originaux de la description et des dessins mentionnés dans l'article 2.

Art. 12. — La première expédition des brevets est délivrée sans frais.

Des certificats d'addition.

Art. 13. — Les formalités et conditions qui précèdent sont applicables aux certificats d'addition.

Le procès-verbal de dépôt doit indiquer le titre et la date du brevet auquel se rattachent le changement, le perfectionnement ou l'addition pour lesquels on demande un certificat.

Art. 14. — Les demandes de brevets déposées par des tiers pour changement, perfectionnement ou addition à une invention brevetée, sont enregistrées à leur date, ainsi qu'il a été dit à l'article 9.

Si ces demandes sont déposées dans l'année de la délivrance du brevet auquel elles se rattachent, elles demeurent sous cachet jusqu'à l'expiration de l'année.

L'année expirée, le cachet est brisé et le brevet est délivré, sans préjudice du droit de préférence qui appartient au brevet principal en vertu de l'article 15 de la loi.

Publicité des brevets, des descriptions et dessins. — Paiement de la taxe.

Art. 15. — Un décret impérial, inséré au *Bulletin des Lois*, proclame tous les mois les brevets ou certificats délivrés.

Art. 16. — Les brevets, certificats d'addition, descriptions, dessins, modèles ou échantillons, demeurent déposés au ministère de l'agriculture, du commerce et des travaux publics, jusqu'à l'expiration desdits brevets ou certificats.

Art. 17. — Pendant les six mois qui suivent la délivrance des brevets d'invention, il n'est point donné communication des descriptions, dessins, échantillons ou modèles.

Dans le premier mois qui suit l'expiration de ce délai, les descriptions et dessins sont envoyés à l'impression pour pouvoir être délivrés, dans le cours du deuxième mois, à des prix qui seront ultérieurement fixés par l'administration.

Pendant le cours de ces deux mois consacrés à la publication isolée des brevets, toute personne est admise à en prendre connaissance, et peut obtenir, à ses frais, copie des descriptions ou dessins.

Il est perçu une taxe de vingt-cinq francs par chaque expédition.

Art. 18. — Le paiement de la taxe doit avoir lieu, pendant toute la durée du brevet, entre les mains du percepteur des contributions du lieu où le demandeur aura fait élection de domicile.

Les titulaires conservent néanmoins le droit de se libérer, par anticipation, de partie ou de la totalité des annuités à échoir.

Art. 19. — Il est en outre publié, au commencement de chaque année, un catalogue contenant les titres des brevets délivrés dans le courant de l'année précédente.

Art. 20. — Le catalogue publié en exécution de l'article qui précède, est déposé au ministère de l'agriculture et du commerce, et au secrétariat de la préfecture de chaque département, où il peut être consulté sans frais.

Art. 21. — A l'expiration des brevets, les originaux des descriptions et dessins sont déposés au Conservatoire des Arts et Métiers.

De la cession des brevets.

Art. 22. — Toute cession de brevet notifiée au ministre de l'agriculture et du commerce, est enregistrée sur un registre spécial, sous un numéro d'ordre et à la date de son arrivée.

Lorsque deux cessions arrivent le même jour, la priorité est acquise à la plus ancienne.

L'officier public qui a reçu un acte de cession est tenu d'en transmettre extrait, dans la quinzaine, au ministre de l'agriculture, du commerce et des travaux publics.

Art. 23. — Notification de l'enregistrement est faite immédiatement à l'officier public qui a dressé l'extrait.

Cet extrait demeure annexé au brevet et à sa description.

Art. 24. — Les mêmes formalités s'appliquent à tous les autres actes emportant mutation dans la propriété des brevets, et dont la notification sera faite au ministère de l'agriculture et du commerce.

Des nullités ou déchéances.

Art. 25. — Il est donné communication au ministère public de tous les brevets que l'administraiion juge susceptibles d'être frappés de nullité ou de déchéance.

Du cadre des experts.

Art. 26. — Le tarif des honoraires à allouer aux experts sera, chaque année, l'objet d'une révision ayant pour but de mettre ce tarif en harmonie avec les indications de l'expérience.

Publication des jugements de nullité ou de déchéance.

Art. 27. — Tout jugement ou arrêt ayant force de chose jugée, qui prononce la nullité ou la déchéance d'un brevet, est, dans le mois de sa date, transmis par le procureur impérial, au ministre de l'agriculture, du commerce et des travaux publics.

Il est ensuite publié dans les journaux qui seront indiqués par le jugement ou l'arrêt, aux frais de la partie qui a succombé dans l'instance.

CHAPITRE XII.

Exposé des motifs et projet de loi élaboré par le Conseil d'Etat.

N° 242.

CORPS LÉGISLATIF.

SESSION DE 1858.

ANNEXE AU PROCÈS-VERBAL DE LA SÉANCE DU 28 AVRIL 1858.

PROJET DE LOI

RELATIF AUX BREVETS D'INVENTION

PRÉCÉDÉ

DE L'EXPOSÉ DES MOTIFS

TRANSMIS

SOUS LES ORDRES DE L'EMPEREUR

PAR LE MINISTRE D'ÉTAT

AU PRESIDENT DU CORPS LÉGISLATIF.

NOTA. — Pour faciliter les recherches, nous avons rapporté en marge la pagination du *Bulletin des lois*.

EXPOSÉ DES MOTIFS.

MESSIEURS,

Le principe fondamental des législations modernes sur les découvertes industrielles consiste à garantir aux inventeurs, à titre de Page 3. dédommagement de leurs labeurs et de rémunération des services rendus à la société, une jouissance exclusive, mais temporaire, du procédé nouveau, à l'expiration de laquelle la découverte tombe dans le domaine de tous.

Ce principe, dont le but est le développement progressif des arts et de l'industrie, a reçu sa première consécration en Angleterre, et se trouve inscrit pour la première fois dans le statut de Jacques Ier, daté de 1623.

La France tarda longtemps à l'adopter : dans les deux derniers siècles de notre ancienne monarchie, tout dans l'industrie et le commerce était l'objet de priviléges et de réglementation administrative. L'emploi des procédés de fabrication faisait l'objet de règlements et de concessions particulières émanant du souverain. Sous un pareil régime, dont les cahiers du Tiers-État réclamèrent vainement, aux États-Généraux de 1614, la révision et la modification, Page 4. aucun droit n'était reconnu aux auteurs de découvertes dans les arts industriels, et l'exploitation de leurs inventions était subordonnée à l'obtention de priviléges spéciaux dont le pouvoir royal disposait seul et arbitrairement.

Les règles concernant ces priviléges ont été, pour la première fois, déterminées par une déclaration royale du 25 décembre 1762, émise sous le ministère du duc Choiseul (1).

---

(1) Cette déclaration étant le premier acte législatif en cette matière et n'étant que peu connue, nous croyons utile de la transcrire avec son préambule :

« Les priviléges en fait de commerce qui ont pour objet de récompenser l'industrie des » inventeurs ou d'exciter celle qui languissait dans une concurrence sans émulation, n'ont » pas toujours le succès qu'on peut en attendre, soit parce que ces priviléges accordés pour » des temps illimités, semblent plutôt être un patrimoine héréditaire qu'une récompense

Aux termes de cette déclaration, tous les priviléges qui avaient
Page 5. été ou seraient, à l'avenir, concédés pour un temps indéfini, furent
Page 6. expressément réduits au terme de quinze années, à partir du titre de concession (*art.* 2). Ils pouvaient, toutefois, être prorogés sur la demande des titulaires (*ibid.*). Ils étaient, du vivant de ces derniers, cessibles sans autorisation à leurs descendants, et, moyennant autorisation, à toutes autres personnes (*art.* 4). En cas de décès, les héritiers et successeurs devaient se pourvoir d'une autorisation, après justification de la capacité nécessaire pour exploiter le privi-

---

» personnelle à l'inventeur, soit parce que le privilége peut être souvent cédé à des per-» sonnes qui n'ont pas la capacité requise, soit enfin parce que les enfants successeurs ou » ayants cause du privilégié, appelés par la loi à la jouissance du privilége, négligent d'ac-» quérir les talents nécessaires.

» Le défaut d'exercice de ces priviléges peut avoir aussi d'autant plus d'inconvénients » qu'ils gênent la liberté, sans fournir au public les ressources qu'il en doit attendre ; enfin » le défaut de publicité des titres du privilége donne souvent lieu au privilégié de l'étendre, » et de gêner abusivement l'industrie et le travail de nos sujets.

» A ces causes.....

» Art. 1er. — Tous les priviléges, en fait de commerce qui ont été ou seront accordés à » des particuliers, soit en leur nom seul, soit en leur nom et compagnie, pour des temps » fixes et limités, seront exécutés, selon leur forme et teneur, jusqu'au terme fixé par les » titres de concession.

» Art. 2. — Tous lesdits priviléges qui ont été ou seraient dans la suite accordés indéfi-» niment et sans terme, seront et demeureront fixés et réduits au terme de quinze années » de jouissance, à compter des titres de concession, sauf aux privilégiés, s'il y a lieu; » n'entendons cependant rien innover à l'égard des concessions par nous faites, en toute » propriété, soit en franc-alleu, soit en fief, soit à la charge de redevances annuelles.

» Art. 3. — Les priviléges réduits à quinze ans, qui n'ont plus deux ans à courir, sont » prolongés jusqu'à trois ans, à partir de la publication de la déclaration, *sauf au privi-» légié à obtenir de nouveau une prolongation ultérieure s'il y a lieu.*

» Art. 4. — Pourra le privilégié céder, pendant sa vie, l'exercice de son privilége à ses » enfants ou petits-enfants, mais ne pourra le céder à d'autres, sans y être par nous spé-» cialement autorisé.

» Art. 5. — En cas de décès du privilégié, ses héritiers.... légataires, etc., ne pourront » succéder au privilége sans avoir obtenu de nous une confirmation après avoir justifié de » leur capacité.

» Art. 6. — Tous les priviléges dont les concessionnaires ont inutilement tenté le succès, » ou dont ils ont négligé l'usage et l'exercice pendant le cours d'une année..... seront nuls » et révoqués, à moins que l'exercice n'en ait été suspendu pour quelques causes ou em-» pêchements légitimes dont les privilégiés seront tenus de justifier.

» Art. 7. — Et afin que lesdits priviléges soient connus de tous ceux qui peuvent y avoir » intérêt, voulons, qu'après l'enregistrement desdits priviléges dans nos Cours, il soit, à la » diligence de nos procureurs généraux, envoyé copie collationnée d'iceux aux bailliages » dans le ressort desquels ils doivent avoir leur exécution. »

lége (*art.* 5). Quand les concessionnaires avaient tenté, sans succès, ou négligé pendant le cours d'une année, d'exercer ce privilége, la déchéance était prononcée contre eux (*art.* 6).

Telles furent les premières dispositions légales sur le sujet qui nous occupe.

Mais l'octroi du privilége, tel qu'il était réglé, n'assurait point aux inventeurs la libre exploitation de leurs découvertes : les règlements des corporations d'arts et métiers, et les institutions des jurandes et maîtrises y mettaient un obstacle souvent insurmontable.

Aussi Turgot, dans le mémorable préambule de l'édit éphémère de 1776, rappelait-il, parmi les motifs qui réclamaient impérieusement la suppression des corporations et des maîtrises, *les difficultés sans nombre que rencontraient les inventeurs et les retards qui en résultaient pour les progrès des arts.*

Il était réservé à l'Assemblée constituante de réaliser la réforme sollicitée, dès 1614, par le Tiers-Etat, entrevue et conseillée par Colbert, et tentée en vain par Turgot.

La loi des 31 décembre, 5 janvier 1791, pour la rédaction de laquelle le statut du roi Jacques Ier, de 1623, servit de modèle, établit Page 7.
les règles protectrices des découvertes et inventions dans les arts industriels.

Cette loi consacre formellement, à son début, le droit de propriété des auteurs et le principe de la garantie de jouissance qui leur est due par le législateur (*art.* 1er); elle assimile à l'invention le perfectionnement et l'importation de procédés connus à l'étranger (*art.* 2 *et* 3); elle détermine la forme de la déclaration de l'inventeur (*art.* 4), à la suite de laquelle il lui est délivré un *titre* ou *patente* qui assure une jouissance exclusive pendant cinq, dix ou quinze années, au choix du titulaire, sauf prorogation (*art.* 5, 7 *et* 8); elle prescrit la publicité des descriptions (*art.* 9 *et* 10); elle règle les poursuites à exercer contre les contrefacteurs devant les justices de paix (*art.* 12), les causes de déchéance, parmi lesquelles on remarque l'obtention en pays étranger d'une patente pour un objet breveté en France (*art.* 16).

La loi de 1791 fut suivie de différents actes législatifs ou administratifs qui modifièrent ou complétèrent, à diverses époques, le régime des brevets d'invention (1).

---

(1) Lois du 14-25 mai 1791; 20 septembre 1792; arrêtés des 17 vendémiaire an VII, 5 vendémiaire an X; décret du 25 novembre 1806, 25 janvier 1807; loi du 25 mai 1838.

Le développement progressif de l'industrie et le rôle, de plus en plus important, qu'elle remplit dans notre société moderne, appe-
Page 8. laient sur ce sujet l'attention et la sollicitude du législateur, et l'on sentit le besoin de codifier cette matière difficile.

Tel fut le but de la loi du 5 juillet 1844, qui abolit tous les actes antérieurs. Elle constitue aujourd'hui la seule loi en vigueur sur cette matière.

Elle n'a pas admis, avec son caractère absolu, le principe de propriété inscrit en tête de la loi de 1791.

Ecartant toute appréciation philosophique de la nature et de l'étendue du droit de l'inventeur, elle s'est contentée d'en déterminer les effets, en disant que toute découverte confère à son auteur, pendant un temps qui ne peut excéder quinze années, la faculté exclusive de l'exploiter à son profit. Il serait sans utilité de rouvrir aujourd'hui une discussion théorique sur cette question. Il suffira de rappeler que toutes les législations sont d'accord pour refuser à l'inventeur un privilége *perpétuel* ou même *viager*. Ces législations sont unanimes pour considérer la délivrance du brevet comme un contrat formé entre la Société et l'inventeur, en vertu duquel la société assure à ce dernier la jouissance exclusive de sa découverte, pendant un temps déterminé, à la condition que l'invention soit réelle et nouvelle, qu'elle soit publiée et accompagnée d'une description suffisante pour pouvoir être mise à exécution par tous à l'expiration du privilége (1).

D'après la loi de 1844, le brevet est délivré sans examen préalable,
Page 9. et, par suite, sans garantie de la réalité, du mérite et de la nouveauté de la découverte. Il est pris pour cinq, dix ou quinze ans, et ne peut être prolongé que par une loi. Il donne lieu au paiement d'une taxe annuelle de 100 fr.

En abolissant le brevet d'importation, le législateur a réservé à l'inventeur étranger le droit de prendre un brevet en France, et, en même temps, a fait disparaître le motif de déchéance qui frappait auparavant l'inventeur français qui se faisait breveter à l'étranger.

---

(1) Voici les dates des lois promulguées à l'étranger depuis la loi française du 5 juillet 1844 : États de New-York, 20 février 1845; Bavière, 10 février 1848; Espagne, 11 janvier 1849; Angleterre, 1er juillet 1852; Autriche, 15 août 1852; Belgique, 24 mai 1854, États Sardes en 1855.

Les actions en nullité et en déchéance des brevets sont portées devant les tribunaux civils, et les poursuites en contrefaçon devant les tribunaux correctionnels : mais ceux-ci statuent sur les exceptions tirées de la nullité ou de la déchéance ; enfin les tribunaux civils peuvent, dans certains cas, prononcer la nullité ou la déchéance absolue du brevet sur les réquisitions du ministère public.

Cette loi constituait un progrès réel sur les dispositions antérieures ; aussi, en rendant les brevets plus accessibles, notamment par le fractionnement de la taxe, en a-t-elle accru rapidement le nombre. Tandis que, sous l'empire de la loi de 1791, c'est-à-dire jusqu'à la fin de 1844, pendant une période de cinquante-quatre ans, il n'avait été pris que 12,289 brevets de cinq, dix et quinze ans (non compris 5,001 brevets de perfectionnement et certificats Page 10. d'addition), de 1845 au 1er janvier 1858, pendant une période de treize années, on compte 34,913 brevets, non compris 10,925 certificats d'addition.

Mais les contestations judiciaires se sont multipliées dans une proportion plus grande encore, et la nouvelle loi avait à peine quelques années d'existence, que déjà l'industrie en réclamait la révision.

Les plaintes devinrent assez vives, en 1850, pour déterminer l'administration à consulter le conseil général de l'agriculture, des manufactures et du commerce. Sur un premier avis de ce conseil, une grande enquête a été ouverte, portant d'abord sur des questions déterminées, et, en dernier lieu, sur un projet de loi préparé par une Commission réunie sous la présidence de M. le ministre de l'agriculture, du commerce et des travaux publics.

L'analyse de tous les avis des chambres de commerce et des chambres consultatives des arts et manufactures est mise sous vos yeux, ainsi que le texte même de leurs délibérations.

Le Conseil d'État, saisi du projet, a dû d'abord examiner la question de savoir s'il convenait de se borner à modifier certains articles de la loi de 1844, en y introduisant les dispositions nécessaires, ou bien de rédiger une loi nouvelle comprenant l'ensemble des règles de la matière et destinée à remplacer la loi de 1844. Ce dernier parti a prévalu ; il a déjà été suivi pour plusieurs lois importantes, notamment pour la loi sur l'expropriation pour cause d'utilité publique, parce qu'il permet d'améliorer successivement Page 11. le régime établi, tout en conservant les avantages de la codification.

Le projet que nous avons l'honneur de vous présenter se divise en quatre titre.

Le premier comprend, sous cinq sections :

L'objet, les effets et la durée des brevets;

Les changements, perfectionnements ou additions;

La cession de brevet;

Les nullités et déchéances;

Enfin la confirmation des brevets.

TITRE PREMIER.

DES BREVETS.

SECTION Ire.

Objet, effets et durée des brevets,

La section première, sauf trois points dont il sera parlé plus bas, reproduit avec de simples modifications dans la forme, les dispositions correspondantes de la loi de 1844.

L'art. 4 assure le secret de la description pendant un délai de six mois, à partir du dépôt, et répond au vœu unanime des industriels, en prévenant des usurpations coupables commises au préjudice de l'inventeur. Ce dernier, par suite d'une publicité immédiate et de la rapidité actuelle des communications, était, en effet, exposé à voir un tiers s'emparer, à l'étranger, du fruit de sa découverte, avant qu'il s'en fût assuré la jouissance par la demande d'un brevet.

L'article 5 fixe la durée du brevet à un seul terme, qui est de quinze ans, et qui ne peut être prorogé qu'en vertu d'une loi.
Page 12. La taxe reste, comme précédemment, payable par annuités de cent francs.

La loi de 1844 avait distingué les brevets de cinq, dix ou quinze ans. Mais cette distinction est inutile, puisque le demandeur peut choisir la durée la plus longue sans être soumis à aucune obligation ou redevance particulière, et que le brevet cesse d'exister par le seul fait de l'interruption du paiement de la taxe.

L'article 7 consacre le droit, déjà écrit dans l'article 29 de la loi de 1844, pour un breveté à l'étranger, d'obtenir un brevet en France.

On sait que la législation de plusieurs nations étrangères a assigné aux priviléges une durée moindre que celle qu'ils ont en France ; ainsi, les brevets sont de dix ans en Russie, de quatorze ans en Angleterre et aux États-Unis. Or, ainsi que le faisait observer le rapporteur de la loi de 1844 à la Chambre des députés, il ne faut pas que la protection accordée par la France *devienne une cause d'infériorité pour son industrie, et que, dans son sein, on enchaîne par le monopole ce qui partout ailleurs serait libre de cette entrave.*

Lors donc que l'invention étrangère, brevetée en France, cessera d'être brevetée dans un pays étranger, pour quelle cause que ce soit, le brevet délivré en France devra également prendre fin.

C'est dans ce but que le second paragraphe de l'article 7 a été rédigé, de manière à exprimer que la durée du brevet dont il s'agit ne peut, *dans aucun cas*, excéder la durée de ceux qui ont été antérieurement pris à l'étranger. Il est bien entendu que le breveté étranger ne peut obtenir un privilége en France que tant que son invention n'a pas été rendue publique. La condition essentielle de tout brevet est que l'invention soit nouvelle, c'est-à-dire qu'elle n'ait reçu, ni en France, ni à l'étranger, soit par la voie de l'impression, soit de toute autre manière, une publicité suffisante pour qu'elle puisse être mise à exécution. Page 13.

Deux propositions importantes, empruntées à la loi belge de 1854, ont été présentées. La première avait pour objet de prolonger la durée du brevet jusqu'à vingt ans, en supprimant la faculté de prorogation par la loi ; la seconde tendait à réduire la quotité de la taxe pendant les premières années, en substituant à la taxe uniforme de cent francs, une taxe progressive par année.

Sur le premier point, le Conseil d'État a considéré que la durée de quinze ans est une règle traditionnelle en usage depuis la déclaration de 1762 ; que cette durée est la même dans plusieurs des pays étrangers ; qu'elle est même plus longue qu'en Russie, en Angleterre et aux États-Unis ; qu'il y aurait des inconvénients, ainsi qu'on vient de le dire, à laisser à l'état de monopole, dans le territoire de l'Empire, l'exercice d'une industrie ou l'application d'un procédé libre dans d'autres contrées ; et que, d'ailleurs, si, par exception, l'utilité d'une prolongation était constatée, il y serait pourvu par un acte législatif.

Sur le deuxième point, il a paru que l'abaissement de la taxe, dans les premières années, augmenterait encore le nombre considé-

dérable des brevets qui sont pris pour de prétendues découvertes
Page 14. ou des découvertes insignifiantes, et dont la plupart sont abandonnés dès les premières années.

SECTION II.

Changements, perfectionnements ou additions.

La seconde section correspond aux articles 16, 17, 18 et 19 de la loi de 1844, et maintient les règles contenues dans ces articles, avec cette différence que le délai d'une année, pendant lequel le breveté avait la préférence pour tout perfectionnement, est porté à dix-huit mois (art. 9).

SECTION III.

Cession des brevets.

La troisième section, réduite à un seul article, renferme quelques modifications à la loi de 1844.

A moins de conventions contraires, porte l'article 11, les cessionnaires d'un brevet et ceux qui auront acquis d'un breveté ou de ses ayants droit la faculté d'exploiter la découverte ou l'invention, *ne profiteront point* des certificats d'addition ou des brevets de perfectionnement qui seront ultérieurement délivrés au breveté.

La loi de 1844, regardant toute addition comme un accessoire qui doit suivre le principal, stipulait que les certificats d'addition pris par le breveté profiteraient de plein droit aux cessionnaires et réciproquement.

Cette disposition avait des inconvénients; elle n'établissait de règle que pour les certificats d'addition et laissait incertain le sort des brevets de perfectionnement; et comme chacun pouvait, à son
Page 15. gré, et moyennant le paiement d'un droit différent, obtenir un brevet de perfectionnement ou un certificat d'addition, les rapports des brevetés et de leurs cessionnaires restaient dans un état d'indécision qu'il fallait faire cesser. L'article 11 les règle avec précision, en laissant d'ailleurs aux parties la liberté entière de leurs conventions.

Nous proposons, en outre, de supprimer la disposition de l'ancien article 20 qui exigeait, en cas de cession, le paiement intégral de la taxe due pour toute la durée du brevet.

Le deuxième paragraphe du même article a été modifié dans ce sens que la cession peut être faite non-seulement par acte notarié, mais par tout acte authentique.

Enfin, la formalité d'enregistrement à remplir pour que la cession soit valable à l'égard des tiers, aura lieu au ministère du commerce, et non plus dans les préfectures, ainsi que le prescrivait l'article 20 précité.

SECTION IV.

Nullités et déchéances des brevets.

Aux causes de nullité des brevets énumérées dans l'ancienne loi, l'article 12 de la nouvelle a ajouté celle qui est déjà consacrée par la jurisprudence et tirée de ce que l'invention ou la découverte aurait été faite par un agent de l'État, par suite d'une mission spéciale ou d'un travail accompli sous la direction du gouvernement.

L'article 13 reproduit les cas de déchéance prévus par l'article 32 de la loi de 1844.

Toutefois, cet article, en frappant de déchéance les brevets qui n'avaient pas été exploités dans le délai de deux ans ou qui avaient Page 16.
cessé de l'être pendant deux années consécutives, avait excepté le cas où le breveté justifierait des causes de son inaction.

Cette restriction nous a semblé ne pouvoir être maintenue dans la loi nouvelle, par le motif que, livrant à l'appréciation du juge les causes de la non-exploitation ou de l'abandon d'une exploitation déjà entreprise, elle laissait le public industriel dans l'incertitude de ses droits, paralysait son action ou donnait naissance à des procès.

On conciliera, nous le croyons, les intérêts opposés en supprimant l'exception prévue par l'ancien article 32, et en portant à trois années le délai de deux ans fixé pour la mise en valeur du procédé breveté (art. 13).

Quant aux exceptions aux cas de déchéance résultant d'introduction, par le breveté, d'objets fabriqués à l'étranger, le dernier paragraphe de l'article 13 de la nouvelle loi reproduit les dispositions que vous avez adoptées dans la loi temporaire du 2 mai 1855.

SECTION V.

Confirmation des brevets.

La cinquième section contient l'innovation la plus importante du projet de loi : elle a pour objet de donner à l'inventeur la faculté de mettre son brevet à l'abri de toute attaque de la part des tiers. Page 17.

Le principe fondamental de la loi nouvelle, comme celui de la loi de 1844, aujourd'hui adopté dans la plupart des législations, c'est la *délivrance de brevet sans examen*. Le principe contraire, c'est-à-dire l'examen préalable, est inadmissible pour trois motifs qui nous paraissent décisifs :

Le premier, tiré de la multiplicité toujours croissante des brevets et de l'impossibilité de faire précéder l'obtention du titre d'une instruction longue et compliquée entraînant des délais pendant lesquels les intérêts de l'industriel seraient en souffrance et son secret exposé à une divulgation ;

Le deuxième, tiré de la difficulté que présenterait l'étude du nouveau procédé en l'absence de toute pratique et de toute exploitation, de l'inconvénient grave qu'il y aurait à engager la responsabilité de l'administration dans une série de décisions sur des questions aussi délicates;

Le troisième, enfin, tiré d'une expérience prolongée, tant en France que chez les autres peuples, du régime maintenu dans le projet de loi.

Le brevet n'est donc délivré qu'aux risques et périls du demandeur et sous la réserve de tous les droits que pourront exercer contre lui toutes les personnes qui y seront intéressées.

L'usage de cette faculté accordée à tous, de contester la nouveauté et la réalité de l'invention, a donné lieu à de graves abus, et amené plus d'une fois des conséquences désastreuses pour le breveté. Les contrefacteurs ne manquent pas d'invoquer ce moyen contre ces poursuites; et l'on a vu tel inventeur épuiser ses ressources et passer de longues années dans une lutte sans cesse renouvelée par des contrefacteurs agissant tantôt sous leur nom et
Page 18.
tantôt sous des noms suposés (1). On a vu sur la même question entre les mêmes personnes des décisions contradictoires annulant ou validant tour à tour le brevet, condamnant aujourd'hui le bre-

(1) *Affaires Christofle, cessionnaire des brevets pour la dorure et l'argenture.*

Ces brevets ont donné lieu à plus de 167 instances judiciaires, de 1842 à 1857, savoir :
123 jugements de première instance ou de police correctionnelle;
34 arrêts de Cour impériale;
10 arrêts de la Cour de cassation.

Affaires Sax, breveté pour instruments de musique.

Les inventions du sieur Sax ont donné lieu à... jugements de première instance et de police correctionnelle;
... arrêts de Cour impériale;
... arrêts de la Cour de cassation.

veté comme usurpateur, demain l'industriel même, qui avait obtenu cette condamnation, comme contrefacteur (1). Cette antinomie d'arrêts tend à affaiblir dans l'esprit des populations le respect toujours dû à la justice, c'est-à-dire le plus précieux des éléments de conservation dans l'ordre social. Page 19.

Ajoutons que l'idée nouvelle se trouve par là même paralysée, et

---

(1) *Affaires Rohls, Seyrig et autres, C. Crespel-Dellisse et Leyvratz.*

Cette affaire montre quelles phases diverses peut subir un procès en contrefaçon ; car ici il ne s'agit que d'un procès unique entre les *mêmes* parties, le demandeur et le défendeur étant toujours les mêmes. Par là on peut voir jusqu'à quel point les principes de la chose jugée sont peu efficaces en matière de brevet d'invention pour empêcher les procès de se renouveler.

La société Rohls, Seyrig et compagnie, en vertu de ses brevets pour l'épuration et le clairçage des sucres à l'aide de machines à force centrifuge, dites *turbines*, a fait saisir, le 15 mai 1851, quatre turbines entre les mains de M. Crespel-Dellisse, et l'a assigné en contrefaçon devant le tribunal correctionnel d'Arras.

Par jugement en date du 11 juin 1851, ce tribunal a condamné M. Crespel comme contrefacteur; mais ce jugement a été infirmé par un autre jugement du tribunal supérieur de Saint-Omer, du 15 septembre 1851, qui lui-même a été cassé sur le pourvoi de la Société Seyrig, par arrêt du 18 janvier 1852.

Les parties, alors, furent renvoyées devant la Cour impériale de Paris, chambre correctionnelle, qui, par arrêt du 25 février 1853, *a déclaré les brevets de la Société nuls et déchus* et a renvoyé M. Crespel des fins de la poursuite et prononcé à son profit des dommages-intérêts.

Mais en 1855 MM. Rohls et Seyrig, qui avaient obtenu de la Cour de Paris, *chambre civile*, le rejet, par arrêt du 19 février 1855, de la demande principale en nullité et déchéance dirigée contre leurs brevets par une réunion de vingt contrefacteurs, formèrent devant le *tribunal civil* d'Arras une demande en dommages-intérêts contre Crespel-Dellisse, qui avait fabriqué à nouveau des turbines, et contre MM. Leyvratz et compagnie, qui exploitaient les turbines fournies par M. Crespel.

Le 19 juillet 1855, le tribunal civil d'Arras rend un jugement par lequel il rejette la demande de Rohls et Seyrig, par le motif qu'il y a chose jugée par l'arrêt de la Cour de Paris (chambre correctionnelle) du 25 février 1853.

Appel. La Cour de Douai confirme (émendant seulement en ce qui concerne Leyvratz et Ce).

Pourvoi en cassation : cassation de l'arrêt de la Cour de Douai. L'arrêt de la Cour de cassation du 29 avril 1857 est fondé sur ce motif, que l'arrêt de la Cour de Paris (chambre correctionnelle) ne pouvait avoir l'autorité de la chose jugée relativement à la demande formée devant le tribunal civil d'Arras, attendu qu'un tribunal correctionnel, saisi d'une action pour délit de contrefaçon, en statuant sur les exceptions que le prévenu tire, soit de la nullité ou de la déchéance du brevet, soit des questions relatives à la propriété dudit brevet, ne fait qu'apprécier, au point de vue de la prévention, un moyen de défense qui est opposé à l'action correctionnelle; que, par conséquent, *la décision qu'il rend sur ce moyen de défense ne s'étend pas au delà du fait incriminé.*

Enfin, sur le renvoi devant la Cour de Paris, arrêt du 4 janvier 1858, qui condamne Crespel-Dellisse, Leyvratz et comp., notamment à 25,000 francs de dommages-intérêts au profit du breveté.

Ainsi :

Durée du procès, plus de sept années;
9 décisions, savoir :
3 jugements, 4 arrêts de Cours impériales;
2 arrêts de la Cour de cassation;
1 jugement favorable au breveté, 2 contraires;
2 arrêts de la Cour impériale de Paris favorables au breveté;
1 arrêt de la même Cour (chambre correctionnelle) et 1 de la Cour de Douai, contraires

Affaires Villard, breveté pour les appareils de distillation :
24 contestations judiciaires en cinq ans, de 1853 à 1858.

Page 20. que le doute qui pèse sur la validité du titre, en éloignant de l'inventeur ceux qui pourraient l'aider à le mettre en œuvre, est une cause de ruine pour ce dernier, en même temps qu'il prive l'industrie et la société tout entière du bénéfice de la découverte.

Il y a là un mal réel, profond, auquel il faut porter remède. Les réclamations contre la loi de 1844 ont été unanimes sur ce point.

Les uns ont proposé de déférer toutes les contestations surgissant en cette matière aux tribunaux de commerce; les autres ont de-
Page 21. mandé la création de tribunaux exceptionnels, de jurys industriels, ou même d'un jury central siégeant à Paris, devant lesquels seraient portées toutes les questions de cette nature.

Le gouvernement n'a pas jugé qu'il y eût lieu de donner suite à ces deux propositions. Il a considéré avant toute chose qu'il importait de maintenir l'unité établie dans l'organisation judiciaire, et de ne pas créer de nouvelles juridictions en matière civile.

De quoi s'agit-il, d'ailleurs, dans un procès sur brevet d'invention? d'une question de propriété posée entre le titulaire d'une part, et les tiers, ou même éventuellement le ministère public, d'autre part, c'est-à-dire de la question de savoir si le procédé breveté appartient réellement au concessionnaire ou à un particulier qui le revendique, ou bien encore au domaine public, qui en serait déjà possesseur.

Or il est de règle que les questions de propriété sont invariablement déférées aux tribunaux ordinaires; et il n'a pas paru que l'on dût restreindre, à cet égard, leurs attributions.

Nous venons présenter à vos délibérations un moyen qui semble aussi assuré, et qui a l'avantage de se concilier avec notre système judiciaire et la nature des attributions du pouvoir administratif.

Il consiste à offrir aux industriels brevetés la faculté d'entourer leur titre d'une force nouvelle, qui doit les préserver des attaques qui auraient pour motif ou pour prétexte l'absence de réalité ou de nouveauté de l'invention. Le projet le caractérise d'un mot : *confirmation du brevet.*

A raison même de l'importance de cet acte, de la sécurité qu'il
Page 22. donne au breveté, de la barrière infranchissable qu'il doit opposer aux tiers, il était nécessaire de le faire précéder de vérifications attentives, d'une publicité complète, en un mot, de toutes les garanties qu'exigeaient la grandeur et le nombre des intérêts engagés, aussi bien que la responsabilité morale de l'autorité supérieure.

Les vérifications qui doivent précéder la demande en confirmation sont de deux ordres, et procèdent de deux sources différentes, sui vant que l'appréciation, à défaut de toute opposition, est laissée à la décision souveraine de l'autorité administrative, ou que le conflit de prétentions contraires appelle l'intervention de l'autorité judiciaire.

C'est à ce point de vue que le projet de loi détermine le double caractère des formalités à accomplir, et dont voici le résumé :

1° Demande au ministre, avec production du brevet, de la description et des dessins annexés ;

2° Dépôt par le pétitionnaire d'une somme destinée à couvrir les frais de l'instruction (art. 15) ;

3° Examen préalable par le ministre, après délibération du comité spécial institué auprès de son administration, et décision sur la question de savoir s'il y a lieu de donner suite à la demande (art. 16).

Cette disposition a principalement pour but d'empêcher qu'une instruction puisse s'ouvrir sur un brevet qui serait frappé de nullité, en vertu des trois premiers paragraphes de l'article 12, notamment comme contraire aux lois, aux bonnes mœurs et à l'ordre public.

Si la demande est repoussée à cette première épreuve, la somme Page 23.
déposée est restituée (art. 20, § 3).

Dans le cas contraire, l'affaire suit son cours; des copies des pièces sont adressées aux préfectures, aux chambres de commerce, aux chambres consultatives des arts et manufactures, et, si cela est reconnu utile, aux tribunaux de commerce et aux conseils de prud'hommes (art. 16).

Publication est faite par trois fois dans le *Moniteur universel* et dans les journaux désignés par l'administration (art. 17).

Les oppositions sont reçues, soit au ministère, soit aux préfectures (art. 18).

Ici deux hypothèses sont prévues :

En l'absence de toute opposition, le ministre, après avoir pris l'avis du comité spécial, prononce sur la demande qu'il accueille ou qu'il rejette (art. 20).

Si, au contraire, des oppositions se sont produites, et si des prétentions s'élèvent, soit au nom d'un droit privé, soit au nom de l'intérêt de la Société dont le ministère public se fait l'organe, le rôle des tribunaux commence : et l'opposant, sous peine de laisser considérer sa réclamation comme non avenue, doit, dans les trois mois de sa date, la faire suivre d'une instance judiciaire en nullité ou déchéance (art. 19, 25 et 5).

Le débat s'ouvre ainsi devant le tribunal compétent, qui est celui du domicile du demandeur, et devant lequel devront être portées toutes les oppositions, de manière à ce qu'il soit statué, autant que possible, par un seul jugement.

Page 24. Ou le tribunal admet l'opposition, et dans ce cas, la nullité du brevet étant prononcée, la demande qui tendait à le faire confirmer tombe avec lui (art. 20) ; ou bien l'opposition est rejetée, et alors la question est reportée devant l'autorité administrative qui, après avoir consulté le comité spécial, prononce sur la confirmation (article 20).

Quelle est la conséquence de cette confirmation ? Elle ne juge ou préjuge aucunement le mérite de la découverte en elle-même ; elle constitue seulement une fin de non-recevoir contre toute réclamation qui tendrait à remettre en question le fait de nouveauté et de validité du procédé sur lequel il a été statué irrévocablement.

Deux catégories d'industriels conservent encore, après la confirmation du brevet, l'usage d'un droit précédemment acquis. L'un est le possesseur d'un brevet antérieur, l'autre est cet industriel qui, après avoir découvert un procédé, l'a appliqué obscurément, sans bruit ni publicité, avant la délivrance d'un brevet pris par un second inventeur. La loi lui réserve la faculté d'exploiter sa découverte, sans que les démarches du breveté et les décisions qu'il obtient puissent jamais le dépouiller de ce droit antérieur. Telle est la pensée qui a dicté le paragraphe 2 de l'article 21 de la nouvelle loi, et qui, d'ailleurs, s'est inspirée de la jurisprudence établie sur ce point par la Cour de cassation (1).

TITRE II.

Page 25.

ACTIONS RELATIVES AUX BREVETS D'INVENTINO.

Le titre II de la nouvelle loi comprend, sur la juridiction et la procédure, ainsi que sur la distinction entre les actions de nullité et en déchéance et les poursuites en contrefaçon, des règles nouvelles qui nécessitent quelques explications.

La loi du 5 janvier 1791 ayant gardé le silence sur la juridiction appelée à connaître des contestations relatives aux brevets d'inven-

(1) Arrêt du 30 mars 1849.

tion, le législateur, considérant le propriétaire d'un brevet comme ayant à défendre un titre dont il est *en possession*, assimila son action contre celui qui le troublait à une action possessoire, et la loi du 25 mai 1791 la déféra aux juges de paix. Quant aux demandes en nullité et déchéances, à défaut de toute disposition spéciale, elles devaient être naturellement portées devant les tribunaux ordinaires. On ne pouvait voir dans cette attribution un empiètement sur les pouvoirs de l'autorité exécutive de laquelle émane le brevet. Ce titre étant obtenu, sans examen, par toute personne qui le réclame, n'a point le caractère d'une décision, et peut être, conséquemment, anéanti par les tribunaux ordinaires sans qu'il en résulte une dérogation au principe de la séparation des pouvoirs.

La loi du 25 mai 1838 supprima, par son article 20, la compétence des juges de paix en cette matière, et renvoya devant les tribunaux correctionnels les poursuites en contrefaçon.

Le législateur de 1844 voulut que le tribunal correctionnel, saisi Page 26.
d'une poursuite en contrefaçon, statuât sur les exceptions tirées de la nullité ou de la déchéance, ou des questions relatives à la propriété du brevet. Pour la première fois, la contrefaçon fut qualifiée de délit.

Cette qualification, appliquée dans sa généralité, a produit des effets qui appellent une réforme. En permettant de traduire devant les tribunaux correctionnels l'industriel qui, de bonne foi, a mis en usage un procédé dont il pouvait se croire et se croyait l'inventeur, dans l'ignorance du brevet ou de l'analogie de sa découverte avec celle du breveté; en permettant de flétrir d'une condamnation cet homme dont la probité et les loyales intentions sont quelquefois incontestables, à l'égal de l'auteur d'une contrefaçon frauduleuse, on s'expose à voir le juge reculer devant une répression qui lui paraît excessive et à prononcer l'acquittement du prévenu, malgré l'évidence des faits et au grand préjudice du breveté.

La menace des poursuites correctionnelles, employée par des spéculateurs brevetés, a suffi pour amener le négociant ou fabricant honnête à abandonner ses intérêts légitimes pour éviter la honte qui s'attache à la prévention d'un délit, alors même qu'elle est suivie d'un verdict d'acquittement.

Il y a là, on peut le dire, un vice radical qui atteint à la fois la loi criminelle dans sa moralité et le juge dans sa conscience. C'est ce vice qu'on fera disparaître en adoptant la distinction établie dans les articles 22 et 29 de la nouvelle loi. Le fait de contrefaçon sans intention frauduleuse donnera lieu à une instance purement civile. Page 27.

Le fait de contrefaçon, commis avec une intention de fraude qui lui communique le caractère de délit, ressortit aux tribunaux correctionnels. Cette instance ne pourra plus à l'avenir être introduite par les particuliers, mais seulement par le procureur impérial exerçant l'action publique (*art.* 34).

Cette innovation n'est pas la seule qu'on introduise dans le titre de la procédure.

On a exprimé, et peut-être avec quelque raison, la crainte que l'insuffisance des connaissances techniques n'altérât la justice des décisions que les tribunaux seraient appelés à rendre sur une matière aussi délicate et qui exige, dans la plupart des procès, des enquêtes et des expertises longues et coûteuses.

Le comité spécial dont il a déjà été parlé et qui est appelé à donner son avis au ministre dans les circonstances où ce dernier a une décision à rendre, éclairera aussi de ses lumières les tribunaux qui croiront devoir le consulter, et qui trouveront là, sans frais pour les justiciables, une source de renseignements précieux et d'opinions impartiales (*art.* 24).

SECTION II.

Actions en nullité ou en déchéance.

L'action en nullité ou en déchéance peut être exercée à la fois par toute personne intéressée et par le ministère public.

Sous l'empire de la loi de 1844, le ministère public pouvait se porter partie intervenante dans une instance déjà engagée, et pro-
Page 28. voquer l'annulation ou la déchéance absolue du brevet; mais il n'était autorisé à se pourvoir directement et par voie principale que dans les cas prévus aux numéros 2, 4 et 5 de l'article 30 de cette loi, c'est-à-dire si l'invention n'était pas susceptible d'être brevetée, si elle était contraire à l'ordre, aux bonnes mœurs et aux lois; si enfin le titre sous lequel le brevet avait été demandé indiquait frauduleusement un objet autre que le véritable objet de l'invention.

Nous avons pensé qu'il convenait d'armer le représentant naturel des intérêts et des drois de la société auprès des tribunaux, de pouvoirs plus étendus; et, aux termes de l'article 25 de la nouvelle loi, l'action pourra être exercée à la requête du ministère public, comme de toute personne intéressée. Dans tous les cas, il pourra, par ses réquisitions, faire prononcer la nullité ou déchéance absolue du brevet (*art.* 25 *et* 28).

On a pensé que, par ce moyen, on mettrait fin à cette multiplicité de procès et de décisions judiciaires quelquefois contradictoires, que nous avons signalées plus haut comme désastreuse pour les inventeurs et la société tout entière. La nouvelle loi ne constitue point d'ailleurs une dérogation à ce principe de notre droit, que l'autorité de la chose jugée n'existe qu'entre les parties au procès. Ici la question est plus haute; elle ne s'agite pas seulement entre deux particuliers et sur leur intérêt exclusif; par l'intervention du ministère public, elle prend le caractère d'une question d'intérêt et d'ordre général, où le procureur impérial agit et parle au nom de la société, et dont la décision doit profiter à tous. Page 29.

SECTION III.

Actions et poursuites en contrefaçon.

Les explications qui précèdent nous dispensent d'entrer dans aucun détail touchant l'art. 20.

Les articles 30, 31, 32 reproduisent sans modifications importantes les dispositions correspondantes de la loi de 1844. Nous n'appellerons votre attention, Messieurs, que sur l'article 33.

D'après la législation en vigueur depuis 1791, la confiscation devait être prononcée dans tous les cas, lorsque la contrefaçon était établie.

Il nous a paru que, quel que soit le caractère de la contrefaçon, et aussi bien lorsqu'elle donne lieu à une action devant les tribunaux correctionnels que lorsqu'elle est l'objet d'une instance civile, il y a toujours lieu d'appliquer les principes du droit en matière de dommages-intérêts, qui ne permettent jamais d'allouer une indemnité supérieure au préjudice souffert.

On dépasserait le but, si l'on voulait, comme l'ancienne loi, que le juge prononçât dans tous les cas, au profit du breveté, la confiscation des objets contrefaits, des instruments et ustensiles servant à la fabrication. Cette mesure a eu quelquefois ce résultat injuste d'attribuer au breveté un dédommagement qui excédait le dommage qu'il avait éprouvé (1),

(1) Arrêt de la Cour de cassation du 20 août 1851.

Aussi, nous avons cru devoir laisser aux tribunaux, par l'article 33, Page 30. non-seulement la faculté d'appliquer cette mesure, mais même de la restreindre à une partie seulement des objets contrefaits.

TITRE III.

RETRAIT DES BREVETS.

Le droit exclusif que confère à l'inventeur la délivrance d'un brevet, la prohibition absolue qui résulte pour tout autre de mettre en œuvre une idée, un procédé nouveau, ce privilége dont l'industriel est redevable à la société, doit-il devenir une cause de dommage grave pour elle?

Si un grand intérêt réclame l'usage d'une découverte par tous et son apport au domaine public, si le breveté rejette opiniâtrement toute proposition faite au nom de cet intérêt, la société doit-elle être désarmée et impuissante en présence du droit qui est son œuvre?

Nous ne l'avons pas cru.

On peut présenter trois hypothèses très-graves : une arme de guerre perfectionnée, qui doit établir une supériorité au profit de nos armées ou même seulement les relever d'une infériorité relative, dans la fabrication des engins pour l'attaque ou pour la défense; — un système de frein, dont l'efficacité reconnue garantirait à l'exploitation des chemins de fer une sécurité plus complète ; — un procédé mécanique ou chimique qui aurait pour effet de permettre à notre industrie de lutter à forces égales avec les industries similaires de l'étranger, revêtant le caractère d'œuvres d'utilité publique générale, et dont le public, la généralité des citoyens, sont autorisés à réclamer la mise en possession.

La loi ne doit pas être impuissante pour faire profiter le pays des
Page 31. avantages de pareilles inventions.

C'est dans cet esprit qu'a été conçu l'article 38 de la loi, dont le paragraphe 1er pose ainsi le principe nouveau :

« Le gouvernement peut, pour cause d'utilité publique, et moyen-
» nant une indemnité préalable, retirer le droit exclusif d'exploiter
» un brevet d'invention. »

L'utilité publique sera constatée par un décret rendu en Conseil d'Etat, après une instruction dont les formes seront déterminées par le règlement d'administration publique à intervenir pour l'exécution de la loi (art. 38, § 2).

Le montant de l'indemnité sera déterminé par un jury spécial composé de neuf arbitres, dont trois seront choisis par le breveté, trois par le ministre du commerce qui poursuit l'expropriation, trois par les présidents et vice-présidents de la Cour impériale de Paris (art. 38, § 3).

La pensée qui a présidé à la composition de cette commission arbitrale est empruntée à la loi du 29 mai 1845, qui a statué sur un cas spécial d'expropriation, le rachat des actions de jouissance des canaux concédés en 1820 et 1821.

TITRE IV.

DISPOSITIONS GÉNÉRALES.

Ce titre renvoie au règlement d'administration publique qui sera rendu pour assurer l'exécution de la loi, toutes les dispositions de détail comprises dans les treize articles de la loi de 1844, et concernant les formalités et conditions à remplir pour la demande, la délivrance des brevets, la proclamation, la publication et la communication des descriptions et dessins. Page 32.

Les premières critiques élevées contre la loi de 1844 portaient particulièrement sur ces prescriptions réglementaires, que l'on ne pouvait améliorer sans toucher à la loi même. Le règlement préparé pour l'application de la loi nouvelle pourra recevoir successivement les modifications dont l'expérience aura fait connaître l'utilité.

L'article 39 maintient la pénalité édictée contre celui qui a pris sans droit la qualité de breveté; mais il n'exige pas, comme le faisait la loi de 1844 (art. 33), qu'on ajoute à cette qualité la mention *sans garantie du gouvernement*. Depuis que la confirmation du brevet le garantit, à certains égards, contre les attaques des tiers, la mention autrefois ordonnée ne pouvait plus s'appliquer dans ce dernier cas, et d'ailleurs cette prescription de l'ancien article 33 était éludée.

Arrivés au terme de cet exposé, nous devons en résumer les points principaux, et rappeler en peu de mots les dispositions qui distinguent la loi nouvelle de celle de 1844.

Par le secret assuré à l'invention pendant un délai de six mois, elle garantit l'inventeur contre l'usurpation à laquelle l'exposait la publication immédiate.

Les découvertes faites par les agents de l'Etat dans l'exercice d'une mission spéciale ne seront plus brevetables.

Page 33. La loi de 1844 laissait l'inventeur exposé indéfiniment aux contestations et aux poursuites judiciaires; à l'aide de la *confirmation* prononcée, après des enquêtes prolongées et un examen approfondi par l'administration, l'inventeur pourra se mettre à l'abri de toute attaque quant à la nouveauté ou la réalité de la découverte, et exploiter sans trouble son procédé.

En distinguant expressément ce qui était confondu dans la loi de 1844, le simple *fait* de contrefaçon du *délit* de contrefaçon, le premier donnant ouverture à l'action privée et à une instance civile, l'autre à l'action publique que, seul, le procureur impérial a le droit d'introduire, la loi nouvelle oppose une barrière aux tentatives d'intimidation et aux spéculations fondées sur l'abus du droit de poursuites correctionnelles.

L'une et l'autre juridiction pourront remplacer les expertises et les enquêtes si longues et si coûteuses et dont les résultats étaient, à divers égards, suspectés, par une simple consultation demandée au comité spécial institué auprès du ministre, et dont ce dernier prendra l'avis avant toute décision en cette matière.

La confiscation, qui était obligatoirement prononcée par les tribunaux, et qui dépassait quelquefois le but en accordant au breveté une indemnité supérieure au dommage, sera, à l'avenir, facultative, et pourra être restreinte à une partie seulement des objets contrefaits.

Quand un intérêt général de l'ordre le plus élevé commandera la cessation du droit du breveté, le retrait pourra en être prononcé moyennant une juste indemnité.

Enfin, la loi nouvelle se présente dégagée de détails qui conviennent mieux à un règlement d'administration publique qu'à un acte législatif.

Page 34. En même temps qu'elle donne satisfaction à des plaintes légitimes, elle encourage par une protection plus efficace l'essor de l'industrie.

S'élevant au-dessus du rôle secondaire qui lui était assigné avant la révolution française, le génie industriel a pris sa place au premier rang dans la société moderne ; ses créations, grandissant d'importance, réclamaient une législation qui leur fût propre. La loi que nous présentons aujourd'hui à vos délibérations, et que suivra bientôt une loi sur les *Dessins et les modèles*, formera, Messieurs, avec celle que vous avez votée l'année dernière sur les *Marques de fabrique*, le code de la propriété industrielle.

Signé à la minute :

VUILLEFROY, président de section.

Comte DUBOIS, conseiller d'État, rapporteur ;

LACAZE, conseiller d'État ;

DUVERGIER, conseiller d'État.

Certifié conforme :

Le Conseiller d'État, secrétaire général,
Signé : F. BOILAY.

PROJET DE LOI

Sur les Brevets d'invention. Page 41.

TITRE Ier.

DES BREVETS.

SECTION 1re.

De l'objet, des effets et de la durée des brevets.

ART. 1er.

Toute nouvelle découverte ou invention, dans tous les genres d'industrie, confère à son auteur, Français ou étranger, le droit exclusif de l'exploiter à son profit, sous les conditions et pour le temps ci-après déterminés.

Ce droit est constaté par des titres que délivre le gouvernement sous le nom de *brevets d'invention.*

ART. 2.

Sont considérées comme inventions ou découvertes nouvelles :

L'invention de nouveaux produits industriels;

L'invention de nouveaux moyens ou l'application nouvelle de moyens connus pour l'obtention d'un résultat ou d'un produit industriel.

Ne sont pas réputées nouvelles, les découvertes, inventions ou applications qui, en France ou à l'étranger, ont reçu, antérieurement au dépôt de la demande du brevet, une publicité suffisante pour qu'elles puissent être mises à exécution. Page 42.

ART. 3.

Les brevets sont délivrés sans examen préalable, aux risques et périls des demandeurs, et sans garantie soit de la réalité, de la nouveauté ou du mérite de l'invention, soit de la fidélité ou de l'exactitude de la description.

ART. 4.

La priorité est acquise à l'inventeur à partir du dépôt de la demande du brevet.

Pendant les six mois qui suivent le dépôt, la description de l'invention est tenue secrète par l'Administration.

Après ce délai, toute personne peut en prendre communication.

ART. 5.

La durée des brevets est fixée à quinze ans, à partir du dépôt.

Chaque brevet donne lieu au paiement d'une taxe de cent francs par an.

Chaque annuité est payée d'avance. Dans aucun cas, les annuités payées ne peuvent être remboursées.

ART. 6.

La durée du brevet peut être prolongée par une loi.

ART. 7.

Page 43. L'auteur d'une invention ou découverte déjà brevetée à l'étranger peut obtenir un brevet en France.

La durée de ce brevet ne peut, en aucun cas, excéder celle des brevets antérieurement pris à l'étranger.

SECTION II.

Des changements, perfectionnements ou additions.

ART. 8.

Les brevetés, ou leurs ayants droit, qui apportent des changements, perfectionnements ou additions à leur découverte, peuvent prendre, soit de nouveaux brevets, soit des certificats d'addition.

Les certificats d'addition prennent fin en même temps que le brevet lui-même.

Ils donnent lieu au paiement d'une taxe unique de 20 francs.

ART. 9.

Toute personne peut prendre un brevet pour changement, perfectionnement ou addition à une découverte déjà brevetée.

Néanmoins, pendant les dix-huit mois qui suivent le dépôt de la demande du breveté principal, la nouvelle demande du breveté ou de ses ayants droit obtient la préférence.

Jusqu'à l'expiration de ce délai, les demandes faites par les tiers demeurent déposées, sous cachet, au ministère du commerce.

Art. 10.

Celui qui a pris un brevet pour changement, perfectionnement ou addition, n'a pas le droit d'exploiter l'invention déjà brevetée, et, réciproquement, le titulaire du premier brevet ne peut exploiter l'invention qui fait l'objet du second. Page 44.

SECTION III.

De la cession des brevets.

Art. 11.

Tout brevet peut être cédé en totalité ou en partie, à titre gratuit ou onéreux.

La cession doit être faite par acte authentique.

Elle n'est valable, à l'égard des tiers, que par son enregistrement au ministère de l'agriculture, du commerce et des travaux publics.

A moins de conventions contraires, le cessionnaire d'un brevet, et ceux qui auront acquis d'un breveté, ou de ses ayants droit, la faculté d'exploiter la découverte ou l'invention, ne profiteront point des certificats d'addition ou des brevets de perfectionnement qui seront ultérieurement délivrés au breveté.

SECTION IV.

Des nullités et des déchéances de brevets.

Art. 12.

Est nul et de nul effet tout brevet délivré dans les cas suivants, savoir :

1° Si la découverte, invention ou application est reconnue contraire à l'ordre ou à la sûreté publique, aux bonnes mœurs ou aux lois de l'Empire ;

2° Si le brevet a été délivré pour composition pharmaceutique ou remèdes de toute espèce ;

3° S'il porte sur des principes, méthodes, systèmes, découvertes et conceptions théoriques ou purement scientifiques dont on n'a pas indiqué les applications industrielles ;

4° Si la découverte, invention ou application n'est pas nouvelle ;

5° Si le titre sous lequel le brevet a été demandé indique frauduleusement un objet autre que le véritable objet de l'invention ;

6° Si la description, jointe à l'original du brevet, n'est pas suffisante pour l'exécution de l'invention, ou si elle n'indique pas, d'une manière complète et loyale, les véritables moyens de l'inventeur ;

7° Si le brevet a été pris contrairement au droit de préférence conféré par l'article 9 ;

8° S'il l'a été pour une invention ou découverte faite par un agent de l'État, par suite d'une mission spéciale ou d'un travail accompli sous la direction du gouvernement.

Est également nul et de nul effet tout certificat comprenant des changements, perfectionnements ou additions qui ne se rattacheraient pas au brevet principal.

ART. 13.

Est déchu de tous ses droits :

1° Le breveté qui n'a pas acquitté son annuité avant le commencement de chacune des années de la durée de son brevet ;

Page 46. 2° Le breveté qui n'a pas mis en exploitation sa découverte ou invention en France, dans le délai de trois ans, à dater du jour de la délivrance du brevet, ou qui a cessé de l'exploiter pendant trois années consécutives ;

3° Le breveté qui introduit en France des objets fabriqués en pays étrangers et semblables à ceux qui sont garantis par son brevet.

Néanmoins, le ministre pourra autoriser l'introduction par le breveté : 1° de modèles de machines ; 2° d'objets fabriqués à l'étranger, destinés à des expositions publiques ou à des essais faits avec l'assentiment du gouvernement.

SECTION V.

De la confirmation des brevets.

ART. 14.

Tout inventeur peut, deux ans après la mise en exploitation de son brevet, en demander la confirmation dans les formes suivantes.

ART. 15.

Il adresse au ministre du commerce, avec sa demande, une copie de brevet, de la description et des dessins qui y sont annexés.

Il dépose en outre, pour les frais de l'instruction, une somme dont la quotité est déterminée par un règlement d'administration publique.

ART. 16.

Le ministre, après avoir pris l'avis du comité institué par l'article 24 ci-après, décide s'il y a lieu de donner suite à la demande; dans le cas de la négative, les pièces et la somme déposées sont restituées au demandeur; dans l'autre cas, il transmet une copie du brevet, de la description et des dessins aux secrétariats des préfectures, aux chambres de commerce, aux chambres consultatives des arts et manufactures, et, s'il le juge utile, aux greffes des tribunaux de commerce et aux conseils de prud'hommes. Page 47.

ART. 17.

Un extrait de la demande est publié trois fois, de mois en mois, dans le *Moniteur* et dans tels autres journaux de Paris ou des départements que le ministre croit devoir désigner.

ART. 18.

Jusqu'à l'expiration des trois mois qui suivent la troisième publication, toute personne peut adresser une opposition, soit au secrétariat du ministère, soit aux secrétariats des préfectures.

Les préfets transmettent, dans la huitaine, au ministre du commerce, les oppositions qui leur sont parvenues.

ART. 19.

L'opposition est réputée non avenue si elle n'est suivie, dans les trois mois de sa date, d'une instance en nullité ou en déchéance, intentée conformément à l'article 25 ci-après.

ART. 20.

Trois mois au plus tôt après l'expiration du délai prescrit à l'article 18, s'il n'y a pas eu d'opposition, le ministre du commerce, après avoir pris l'avis du comité institué par l'article 24, peut prononcer la confirmation du brevet. Page 48.

S'il y a eu opposition, la confirmation du brevet ne peut être prononcée que lorsque la décision judiciaire qui a rejeté l'opposition n'est plus susceptible d'aucun recours.

La somme déposée reste acquise au Trésor public, soit en cas de confirmation, soit dans le cas de refus définitif.

Art. 21.

Le brevet confirmé ne peut plus être attaqué que si le brevet encourt, à l'avenir, la déchéance pour l'une des causes énoncées en l'article 12.

Toutefois, ce brevet ne peut être opposé à celui qui, antérieurement à sa délivrance, aurait fait usage de l'invention brevetée ; il ne peut nuire aux droits d'un breveté antérieur.

TITRE II.

DES ACTIONS RELATIVES AUX BREVETS D'INVENTION.

SECTION Ire.

De la juridiction et de la procédure.

Art. 22.

Les demandes en nullité ou en déchéance de brevets, les contestations relatives à la propriété des brevets, sont portées devant les tribunaux de première instance.

Les actions ou poursuites en contrefaçon sont portées, suivant les cas déterminés par la présente loi, soit devant les tribunaux civils, soit devant les tribunaux correctionnels.

Art. 23.

Page 49. Les affaires portées devant les tribunaux civils sont instruites et jugées comme affaires sommaires. Elles sont communiquées au ministère public.

Le délai d'appel est d'un mois à compter de la signification du jugement.

Le délai du pourvoi en cassation est d'un mois.

En cas d'admission du pourvoi, le défendeur est assigné, dans le mois, devant la chambre civile, qui statue d'urgence.

ART. 24.

Un comité spécial, institué auprès du ministre du commerce, donne son avis sur toutes les questions relatives aux brevets que le ministre ou les tribunaux, par son entremise, croit devoir lui déférer.

SECTION II.

Des actions en nullité ou en déchéance.

ART. 25.

L'action en nullité et l'action en déchéance peuvent être exercées par toute personne y ayant intérêt.

Elles peuvent l'être également à la requête du ministère public.

ART. 26.

Tous les ayants droit au brevet dont les titres sont enregistrés au ministère du commerce doivent être mis en cause.

ART. 27.

Si la demande est dirigée en même temps contre le titulaire du Page 50.
brevet et contre un ou plusieurs cessionnaires partiels, elle est portée devant le tribunal du domicile du titulaire du brevet.

ART. 28.

Lorsque la demande est formée à la requête du ministère public, le jugement qui prononce la nullité ou la déchéance produit son effet même au profit des tiers.

Dans toute instance introduite par les parties intéressées, le ministère public peut également prendre des réquisitions pour faire prononcer la nullité ou la déchéance absolue du brevet.

SECTION III.

Des actions et poursuites en contrefaçon.

ART. 29.

Toute atteinte portée aux droits du breveté, soit par la fabrication de produits, soit par l'emploi de moyens faisant l'objet de son brevet, constitue la contrefaçon.

La contrefaçon est un délit lorsque les faits qui la constituent ont été commis sciemment.

Ceux qui ont sciemment recélé, vendu, exposé en vente ou introduit sur le territoire français un ou plusieurs objets contrefaits, sont assimilés aux contrefacteurs.

§ Ier.

Page 51.

De l'action civile en contrefaçon.

ART. 30.

L'action en contrefaçon, intentée à la requête du breveté ou de ses ayants droit, est portée devant les tribunaux civils de première instance.

ART. 31.

Tout propriétaire de brevet peut, en vertu d'une ordonnance rendue par le président du tribunal de première instance, ou même par le juge de paix, dans les cantons où ne siége pas le tribunal, faire procéder par huissier à la description, et, s'il le juge utile, à la saisie des objets qu'il prétend contrefaits.

L'ordonnance est rendue sur simple requête et sur la présentation du brevet et du récépissé constatant le paiement de la dernière annuité. Elle contient, s'il y a lieu, la nomination d'un expert pour aider l'huissier dans sa description.

Lorsque la saisie est requise, elle n'est autorisée que sous la condition du dépôt préalable d'un cautionnement déterminé par l'ordonnance.

Une copie de l'ordonnance et de l'acte constatant le dépôt du cautionnement est laissée au détenteur des objets décrits ou saisis, le tout à peine de nullité et de dommages-intérêts contre l'huissier.

ART. 32.

Page 52.

A défaut par le requérant d'avoir introduit son action dans le délai de huitaine, outre un jour par trois myriamètres de distance entre le lieu où se trouve les objets décrits ou saisis et le domicile du défendeur, le procès-verbal de saisie ou de description est, de plein droit, considéré comme non-avenu, sans préjudice des dommages-intérêts qui peuvent être réclamés, s'il y a lieu.

L'instance en dommages-intérêts sera instruite et jugée comme il est dit aux articles 22 et suivants.

ART. 33.

Lorsque la contrefaçon est établie, le tribunal condamne le contrefacteur à des dommages-intérêts pour réparation du préjudice causé.

Il peut prononcer, au profit du demandeur, la confiscation, en tout ou en partie, des objets reconnus contrefaits et celle des instruments ou ustensiles destinés à la fabrication des objets contrefaits.

Il ordonne, s'il y a lieu, l'affiche du jugement.

La confiscation des objets reconnus contrefaits peut être prononcée, alors même que celui auquel ils appartiennent ne serait pas condamné comme contrefacteur.

§ II.

De la poursuite correctionnelle en contrefaçon.

ART. 34.

La poursuite du délit de contrefaçon ne peut être exercée devant les tribunaux correctionnels qu'à la requête du ministère public, soit sur la plainte de la partie lésée, soit après une action en contrefaçon, intentée par le breveté, devant les tribunaux civil. Page 53.

Si, devant le tribunal correctionnel saisi d'une poursuite en contrefaçon, le prévenu soulève soit des exceptions tirées de la nullité ou de la déchéance du brevet, soit des questions relatives à la propriété dudit brevet, il est sursis jusqu'à ce qu'il ait été statué par le tribunal civil sur ces moyens préjudiciels.

Dans ce cas, le jugement fixe un bref délai dans lequel le prévenu devra saisir les juges compétents et justifier de ses diligences, sinon il sera passé outre.

ART. 35.

Tout individu reconnu coupable de délit de contrefaçon est puni d'une amende de 100 francs à 2,000 francs.

Le breveté ou ses ayants droit peuvent se porter parties civiles.

ART. 36

La peine d'emprisonnement d'un mois à un an peut, en outre, être prononcée :

1° Si le contrefacteur est un ouvrier ou un employé ayant travaillé dans les ateliers ou dans l'établissement du breveté ;

2° Si le contrefacteur, s'étant associé avec un ouvrier ou un employé du breveté, a eu ainsi connaissance du mode d'exploitation des procédés décrits au brevet; dans ce cas, l'ouvrier ou l'employé peut être poursuivi comme complice ;

3° En cas de récidive.

Page 54. Il y a récidive lorsque, dans les cinq années antérieures, il a été prononcé contre le prévenu une première condamnation pour un des délits prévus par la présente loi, sans préjudice de l'application, s'il y a lieu, des dispositions du Code pénal en matière de récidive.

Art. 37.

Les peines établies par la présente loi ne peuvent être cumulées.

La peine la plus forte sera seule prononcée pour tous les faits antérieurs au premier acte de poursuite.

L'article 463 du Code pénal peut être appliqué à tous les délits prévus par la présente loi.

TITRE III.

DU RETRAIT DES BREVETS.

Art. 38.

Le gouvernement peut, pour cause d'utilité publique, et moyennant une indemnité préalable, retirer le droit exclusif d'exploiter un brevet d'invention.

L'utilité publique est déclarée par décret rendu en Conseil d'Etat.

L'indemnité est fixée par un jury spécial, institué par décret impérial et composé de neuf membres, dont trois désignés par le ministre du commerce, trois par le breveté et trois par le premier président et les présidents réunis de la Cour impériale de Paris.

TITRE IV.

DISPOSITIONS GÉNÉRALES.

Art. 39.

Sont punis d'une amende de 50 fr. à 1,000 fr. :

1° Tout individu qui, dans des enseignes, annonces, prospectus, affiches, marques ou estampilles, aura pris la qualité de breveté sans posséder un brevet, ou aura faussement indiqué son brevet comme confirmé;

2° Tout breveté qui, employant les mêmes moyens de publicité, aura pris cette qualité après avoir encouru la déchéance ou après l'expiration de son brevet.

En cas de récidive, l'amende peut être portée au double, et il peut, en outre, être prononcé un emprisonnement de six jours à un mois.

La fausse indication, dans les publications mentionnées au présent article, d'un brevet comme confirmé, entraîne, même sans qu'il y ait récidive, outre l'amende ci-dessus, la peine de l'emprisonnement d'un mois à six mois.

ART. 40.

Un décret impérial, rendu dans la forme des règlements d'administration publique, déterminera les dispositions nécessaires pour l'exécution de la présente loi.

Il réglera notamment les formalités et les conditions concernant la demande et la délivrance des brevets et des certificats d'addition, Page 56. le secret, la communication et la publicité des descriptions et dessins, l'enregistrement des cessions, l'instruction administrative des demandes en confirmation des brevets, la composition et les attributions du comité spécial mentionné dans l'article 24, la publication des décisions administratives ou judiciaires prononçant la confirmation, la nullité ou la déchéance, et retrait des brevets pour cause d'utilité publique.

ART. 41.

Les brevets d'invention, d'importation et de perfectionnement actuellement en vigueur, délivrés ou prorogés conformément aux lois antérieures, conservent leur effet.

Les titulaires ont le droit d'en demander la confirmation dans les formes et aux conditions réglées par les articles 14 et suivants.

ART. 42.

Les procédures commencées avant la promulgation de la présente loi seront mises à fin conformément aux lois antérieures.

Toute action nouvelle sera suivie conformément aux dispositions de la présente loi, alors même qu'il s'agirait de brevets délivrés antérieurement.

ART. 43.

La loi du 5 juillet 1844, relative aux brevets, est abrogée.

Ce projet de loi a été délibéré et adopté par le Conseil d'État dans ses séances des 14, 15, 19, 20 et 22 avril 1858.

Le Président du conseil d'État,
Signé : J. BAROCHE.

Le Conseiller d'État, secrétaire général,
Signé : F. BOILAY.

Certifié conforme :

Le Conseiller d'État, secrétaire général,
Signé : F. BOILAY.

TABLE DES MATIÈRES.

PARIS. — IMPRIMERIE CENTRALE DE NAPOLÉON CHAIX ET Cie, RUE BERGÈRE, 20. — 2562.

PARIS. — IMPRIMERIE CENTRALE DE NAPOLÉON CHAIX ET Cᵉ, RUE BERGÈRE, 20. — 2561.

www.ingramcontent.com/pod-product-compliance
Ingram Content Group UK Ltd.
Pitfield, Milton Keynes, MK11 3LW, UK
UKHW031852260826
14628UKWH00002B/727

9 782014 023947